不要把时间浪费在无效信息上

职场第一课·信息管理

速溶综合研究所 著

中信出版集团·北京

图书在版编目（CIP）数据

不要把时间浪费在无效信息上：职场第一课·信息管理 / 速溶综合研究所著 . -- 北京：中信出版社，2018.12

ISBN 978-7-5086-9531-0

I. ①不… II. ①速… III. ①信息管理 – 工作 – 效率 – 通俗读物 IV. ① C935-49

中国版本图书馆 CIP 数据核字（2018）第 223795 号

不要把时间浪费在无效信息上——职场第一课·信息管理

著　　者：速溶综合研究所
出版发行：中信出版集团股份有限公司
（北京市朝阳区惠新东街甲 4 号富盛大厦 2 座　邮编　100029）
承 印 者：中国电影出版社印刷厂

开　　本：880mm × 1230mm　1/32　　印　　张：7.75　　字　　数：111 千字
版　　次：2018 年 12 月第 1 版　　印　　次：2018 年 12 月第 1 次印刷
广告经营许可证：京朝工商广字第 8087 号
书　　号：ISBN 978-7-5086-9531-0
定　　价：36.00 元

总　序

师北宸
“写作训练营”创始人

给你一整套职场通关地图

你可能还没进入职场，或者刚刚进入职场，我相信你曾经遇到这种情况：公司领导或学校老师交办你几件事，你一一做了记录，然后转头便开始干活。为了快点做完，你几乎顾不上跟领导或老师确认任务目标。在整个过程中，你也很少与别人沟通，更别说仔细思考怎么做才能更高效。

这样做的结果是，你好不容易赶在截止日期之前搞定了任务，但等着你的，很可能是领导或老师的不满——很少有人一次就能把工作做到位。

问题到底出在哪里呢？时间管理不行？工作方法不对？……

针对这个问题，这套书中的比基涅斯博士提出了一个简洁有效的“解决问题三步法”：提出问题（what）——分析问题（why）——解决问题（how）。

面对每一个问题时，如果你都可以运用这个三步法，绝大部分问题都可以迎刃而解。

这个解决问题三步法，是在训练你的逻辑思考力。按照这个三步法，你接到任务以后，首先该做的不是立刻执行，而是花些时间对任务进行解码和翻译。针对问题做解码和翻译花的时间，应该是在执行上花的时间的好几倍。

书中阐述的解决问题三步法，是这样操作的：

提出问题（what）：对于他人交办的事情，你与对方沟通并确认了具体的任务目标是什么吗？

分析问题（why）：你需要花多长时间完成任务？

对于应该先做什么、后做什么，你有时间管理的意识吗？完成任务需要动用什么资源？可以找哪些同事合作？你的人际协调能力和职场交涉能力过关吗？

解决问题（how）：在扎实做好前两步的基础之上，再开始具体执行。

别小看上面这个过程，无论是对大项目还是小问题，这三步都行之有效。

职场比拼的永远是一个人的综合实力，光是单一技能过硬，还是不够的。

“职场第一课”系列由5本独立的小册子组成，你可以根据自己的需求和喜好挑某个章节读，也可以随意翻开某个章节读。

但是，我更推荐的阅读方式是，把5本书一口气看完。它们就像一副拼图，只有把这5项技能组合起来，才能拼出完整的职场通关地图，你才能汲取其中最精华的部分，才能体会到组合拳的威力。

所以，这是一套值得你反复阅读的好书。

给你一套职场复盘的指南

一个人在职场中的时间大约为 40 年，考虑到现在人类寿命变得更长了，这个时间可能会增加到 50 年甚至 60 年。

有些人重复做一项工作 10 年都没有进步，有些人工作 1 年，比别人工作 10 年积累的经验还要多。

我喜欢总结与复盘。我每天会处理好几件事情，每处理完一件事情，我都会复盘反思，不断停下来审视自己的不足，并思考如何改进。很多时候我会写下来——写作有利于思考，有利于沉淀，有利于发现不足，更有利于逐渐找到答案。

在阅读"职场第一课"系列书稿期间，我正在创办写作训练营，也在打磨我的写作课程。由于是创业初期，我每天都会有非常多琐碎的事情需要处理，同时还有大量的客户和学员需要约见。

在这短短几个月的时间里，我更加感受到了时间管理和信息管理的必要性，及良好的人际协调能力的重要性。这套书不仅对职场新人非常有帮助，对我这种工作了10多年的人也依然有很大帮助——尤其是，整套书还有图解示范，阅读起来更加轻松，也使我对职场类书籍有了新的认识，并不是所有的职场类书籍都过于干涩、难读。

事实上，每一次职场调动，或者每一次新挑战，都会让我们回到一个新的起点，再次成为职场新人。

我很喜欢这套书的编排方式。每个单元开头都是先由一位职场新人提问，然后比基涅斯博士会给出一个概括性的回答。紧接着，作者便开始介绍相关概念和理论，再用图解的方式将其具体解释清楚。整个过程非常生动，而且一目了然。

最精妙的设计是，在每个章节结尾部分，作者都会提供一项小测试，用来帮读者做“诊断”。

这个小测试的优势还在于，你有两种测试方法可以选择：第一种是前测，就是先测，找出问题，带着问题到书中找答案；第二种是后测，当你合上书本，实践一段时间回来复盘的时候再去测试，便可以知道自己是否真的掌握了这些技能。

如果你有兴趣，把两次的测试结果比较一下，一定会惊喜地看见自己的进步和成长。

从教到练，再到测试，这样就形成了一个完整的学习闭环。职场类的书，读完一定要用。不用，就不是你的；开始运用，它就会内化为你的能力。

这是一套值得你放在书桌上最显眼位置并且反复阅读的书。

带你进入一个真实的职场

我喜欢这套书还有一个原因，它为读者再现了一个真实的职场，一次性呈现出了上百个常见的职场问题，并且都非常接地气，你学完就可以运用。比如：

为什么其他同事都能够打成一片，我却做不到？

在跟同事交往的过程中，我总是被牵着鼻子走，是我不够强大吗？

怎样才能让领导发现我是被埋没的金子呢？

……

如果我们把进入职场看作就读一所“大学”的开始，那么对我们来说最重要的是什么呢？

毫无疑问是学习和成长。

上学的时候，你可以去听课、泡图书馆、跟室友讨论，到了职场中，几乎身边的每一个人，包括同级、上级，甚至你的客户、展会上认识的行业伙伴，都可以成为你的老师和指路人。

对于新入职员工的培养，日本的公司往往采用师徒制。如果你的公司也有这样的制度，那再好不过了；如果没有，那我强烈建议你主动给自己寻找一位导师，如果暂时还没有找到的话，你就先把比基涅斯博士当成你的导师吧。相信我，他真的非常睿智。

所以，这是一套适合你随时翻阅的书，它可以帮助你随时开启和比基涅斯博士的对话。

对了，我们还为你精心准备了一套价值99元的“知识星球·写作课程”，随书免费赠送，扫描二维码即可领取。如果说进入职场有三门必修课，那写作一定是其中之一。欢迎你在读书过程中，将你的读书笔记和书评与周围的同事和朋友分享，也欢迎你关注微信公众号“师北宸（beichenshi01）”，将你阅读这套书的感受告诉我。

快去阅读吧，书中还藏着非常多的小惊喜，等你慢慢去发现。

扫码加入写作训练营

登场人物介绍

Main Characters

速溶综合研究所是一所由各方超级专家和研究员组成，专门研究职场、社会与经济等方面问题，并为有这方面困扰的人们提供解决方案的研究机构。

此次，一家蔬菜配送公司邀请了研究所的比基涅斯博士，来帮助员工解决工作中理解与传递信息时遇到的问题，以使他们获得更高效的信息管理能力。是什么问题困扰着那里的员工呢？比基涅斯博士和助手艾玛能否顺利解决所有问题？

比基涅斯博士

社会学者　　性别：男　　年龄：55 岁

速溶综合研究所的研究员，主要研究社会学。常年带着助手到不同的地方考察，喜欢在随身携带的手账上记录各种细节。习惯一边吃早餐一边翻阅报刊。最近对社会人在职场中面临和需要解决的各种问题，有着浓厚的研究兴趣。每周两次到蔬菜配送公司研究和解答相关课题。思考太过投入时会自言自语起来。

艾玛

比基涅斯博士助手　　性别：女　　年龄：25 岁

比基涅斯博士的得力助手。曾经做过新闻记者，对事物都抱着“求真”的态度，凡事都亲力亲为。认真是艾玛最大的特点，很多时候她说话比较直，但是个内心非常淳朴、善良的女生。最近跟着博士出入蔬菜配送公司，负责记录员工们在进行信息处理的过程中遇到的问题，并帮助大家提出解决方案。

小洋

性别：男　　年龄：24 岁

蔬菜配送公司市场部的新入员工，性格开朗、不拘小节、做事大大咧咧。在人际交往的过程中，常因神经大条导致对人、对事考虑不周而犯错。对新鲜事物有着非常强烈的好奇心。虽然对比基涅斯博士的说教感到苦恼，但其实心里非常感激。为了感谢博士对自己的帮助，他想邀比基涅斯博士去看爵士现场秀。

小米

性别：女　　年龄：23 岁

和小洋同一时期入职蔬菜公司的客服人员，做事细心但性格腼腆。想象力丰富，对于蔬菜的各种知识感到无比好奇。由于比较内向，周末通常宅在家里。最近因为参与博士的信息处理课题，和艾玛成为好朋友，经常会向艾玛倾诉心中的烦恼。

蔬菜君们　　性别：不详　　年龄：幼齿

小洋和小米所在蔬菜配送公司的事业部里，来往着许多蔬菜君。它们跟在业务员的身边，帮助他们进行蔬菜配送。可爱的蔬菜君们很调皮，偶尔会给业务员们制造一些小麻烦，但也常在关键时刻提出一些好点子。

CONTENTS 目 录

第 1 章

信息理解：必要的逻辑思维能力是基础

1–1 你的逻辑思维能力处于什么水平 …… 002

1–2 理解信息排列的规则 …… 008

1–3 逻辑思维能力的基础：是什么、为什么、怎么办 … 014

1–4 将信息置于横竖坐标轴上思考 …… 020

1–5 多角度解读获得的信息 …… 028

推荐的逻辑思考方式 …… 034

"5W1H" 分析法 034

归纳法与演绎法 035

综合法与分析法 037

分类法与比较法 038

逻辑树分析法 040

反复训练，活化头脑 040

第2章

信息接收：可以带来产能的高效阅读方法

2-1 高效阅读的基本方法 …… 044

2-2 新闻的阅读方法 …… 051

2-3 统计资料的阅读方法 …… 058

2-4 图表的阅读方法 …… 064

2-5 专业书籍也可以轻松阅读 …… 071

2-6 电子书的有效阅读法 …… 079

关于同时阅读多本书 …… 085

同时阅读多本书有哪些好处？ 085

开始尝试同时阅读多本书 087

怎样同时读好多本书？ 090

第3章

信息转化：让智慧阅读真正有益于工作

3–1 提升职场竞争力的阅读法则 ……………………… 094

3–2 职场人的纵向阅读：商业书的阅读原则 ………… 101

3–3 职场人的横向阅读：兴趣书的阅读原则 ………… 108

3–4 忙碌的职场人如何轻松阅读 ……………………… 114

将阅读获取的信息转化为职场竞争力 ………………… 122

读了很多书，为什么“没有用”？ 122

如何将知识活用并转化为职场竞争力? 124

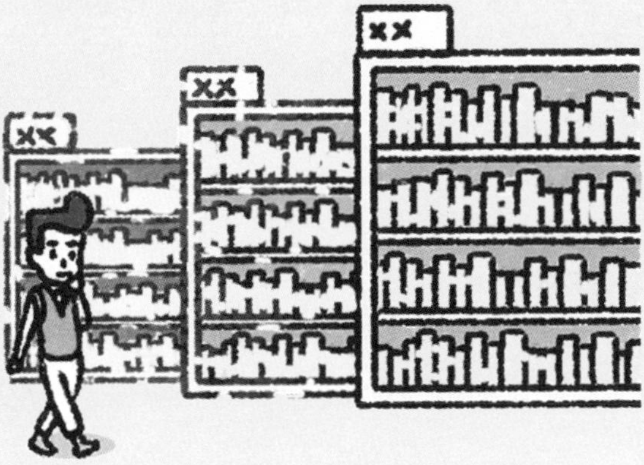

第4章

信息输出：准确接收、传递和评论信息的关键

4–1 信息为什么会失真 …… 130

4–2 如何准确地记录现场信息 …… 137

4–3 如何有效地传递信息 …… 145

4–4 如何做出观点清晰的评论 …… 152

4–5 如何妥善地发表不同的观点 …… 160

发表评论前的注意事项 …… 165

一忌：人云亦云 165

二忌：偏离事实 166

三忌：个人偏见 166

四忌：伤及他人 167

五忌：争论输赢 168

六忌：乏味难懂 169

七忌：前后不一 169

八忌：长篇大论 170

第 5 章

信息搜集：充分利用纸质笔记本

5-1 信息搜集的原则 …… 174

5-2 选择适合自己的笔记本 …… 180

5-3 信息记录的小技巧 …… 186

5-4 运用笔记本记录信息的注意事项 …… 192

5-5 信息分类与索引制作 …… 199

智慧再造，素材活用 …… 205

核验信息 206

扩展与完善信息 207

提炼与加工信息 207

灵活组合信息，催生新想法 208

动手将想法付诸行动 210

第 6 章

信息管理小测试 Ready? Go!

面对海量信息，你是“人云亦云”还是“不知所云”？

离开静好的校园，置身快节奏的商业社会，每天面对包罗万象的信息，包括五花八门的资料和琳琅满目的书籍。你的“捕虫网”准备好了吗？你对自己的采集能力有信心吗?

培养你精准高效的信息管理能力

- [x] 第1章 信息理解：必要的逻辑思维能力是基础
- [ ] 第2章 信息接收：可以带来产能的高效阅读方法
- [ ] 第3章 信息转化：让智慧阅读真正有益于工作
- [ ] 第4章 信息输出：准确接收、传递和评论信息的关键
- [ ] 第5章 信息搜集：充分利用纸质笔记本
- [ ] 第6章 信息管理小测试 Ready? Go!

第1章

信息理解：必要的逻辑思维能力是基础

TOPIC

1–1

职场第一课·信息管理

你的逻辑思维能力处于什么水平

● 了解自己面对信息时的战斗力，并从阅读开始磨炼吧！

QUESTION

每周公司开例会我都非常积极地发言，把自己平时看到的、想到的分享出来。但是让我苦恼的是，每次我讲了很长时间，同事们却不太清楚我到底说的是什么，而主管帮我稍作解释后，大家就明白了。是不是我的表达能力太差了？

ANSWER

表达能力差只是表象，根本原因在于你的逻辑思维能力不强，即当你向他人较长时间地表达自己的观点时，不能准确且条理清晰地表达自己的想法，造成对方对你所讲的内容产生“不知所云”的感觉。所以说，好的逻辑思维能力是我们有效接收和输出信息的前提与保障。

什么是逻辑思维能力？

逻辑思维，又称抽象思维，是我们运用概念、判断、推理等思维类型反映事物本质与规律的思维方式。**逻辑思维能力即运用逻辑思维来分析和解决问题的能力。**小洋在工作会议中总是面临着“表达让人不知所云”的困境，而他的主管却常常能够从他混乱的表达中抓住要点并清晰地转述，这正是逻辑思维能力强弱不同的表现。

在面试时，我们可能经常会被问到“你在工作中遇到的最难处理的问题是什么？你是如何解决的？”等一类问题。这并非是在单纯地考察我们的工作能力，同时也是在考验我们的逻辑思维能力。无论是面试时的考卷，还是面试官的提问，有关逻辑思维能力的测试越来越频繁地出现在面试环节中。由于拥有好的逻辑思维能力，能够让我们在遇到问题时，迅速而准确地抓住本质，解决起问题来也就更加得心应手，游刃有余。因而，逻辑思维能力也越来越受职场人的重视。

你了解自己的逻辑思维能力吗？

尽管职场新人大多来自不同的专业，但一个人的逻辑思维能力强弱与他所学专业并无直接关联，比如理工科的毕业生的逻辑思维能力不一定就比文科专业毕业生强。**看一个人的逻辑思维能力如何，关键还是看他是否能够抓住问题的本质，解决问题时能否做到有条理。**在日常的工作中，很多细节就能够反映出我们逻辑思维能力的强弱，大家不妨来做个小测验。

逻辑思维能力小测验：

- ☐ 常听见他人对自己说："我听不懂你想说什么。"
- ☐ 上级安排完工作，总是需要向别人咨询才能明白自己应该做什么。
- ☐ 向上级汇报工作，总是需要花费大量时间解释。
- ☐ 工作上遇到压力就很忙乱，处理起来一团糟。
- ☐ 面对多项工作，常常每件事都做一点，临近截止日期，大多数都未完成。
- ☐ 每次写工作总结，不知从哪儿写起、该如何写。
- ☐ 会议笔记杂乱，不能为缺席者提供信息参考。

- □ 对于客户的来电或来信，在向同事转达时需要多次解释。
- □ 查看信息以后，常常无法用一句话做出总结。
- □ 阅读一本书，常常看过以后就忘，或者根本没有看懂作者想说什么。

科学处理信息的过程：通过有逻辑地阅读获取知识与能力，从而解决问题

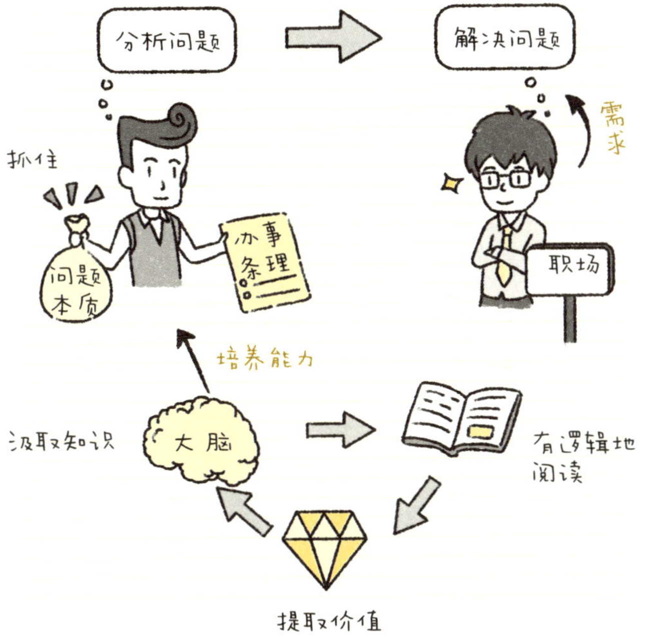

以上都是职场人士在工作中经常会遇到的问题，如果你回答“是”的情况越多，那么就越需要注重提

高自己的逻辑思维能力了。

如何提升自己的逻辑思维能力？

在职场上，有各种各样的问题等着我们去解决。实际上，**解决问题的过程就是对大量信息进行比较、分析、概括、判断、推理的过程。这需要我们拥有透过现象看本质的能力，亦即逻辑思维能力。在阅读时我们面临的信息是最丰富多彩的，因而，有逻辑地阅读是提升逻辑思维能力的好方法，简单易行且成效显著。**

无论是严谨的专业书，还是轻松的文学书，一本好书必定是有条有理的。它有着清晰的脉络，如同一棵枝繁叶茂的树，再多的叶子也不能完全遮掩它的枝与干。阅读一本书的过程正是逻辑思维发展的过程。比如在阅读时，我们可以先从书的书名、序言、目录开始。书的书名，能够表明作者写的是哪个方面的内容；而为什么会写这本书，会体现在序言里；书的目录则是用来揭示书的结构的。在阅读这些内容时，我们可以清晰地感知全书的框架，就如同走进一座大型超市，即使有再多的商品，在标牌的提示下，我们也能非常明确地知道各个品类所在的区域。很多人往往忽略了序言和目录的重要性，跨过它们直奔正文，结果就会出现阅读低效和不明所以的情况。我们会在后文进一步介绍更多、更详细的提升逻辑思维能力的阅读方法。

动用逻辑思维来阅读，可以让我们有清晰的行动目标，知道自己为了获取哪些信息而读，而不是只做做阅读的样子。对于那些迫切想要了解的内容，我们需要精读，而其他的信息则可以选择泛读或略读。这样不仅可以提升阅读的速度，还能够让我们抓住信息的重点，提升阅读质量，不再不明所以。

职场小路灯

● 将信息有逻辑地消化处理的过程，实质上就是分析问题、解决问题并采集知识的过程。良好的逻辑思维能力可以帮助我们更有效率地抓住要点，从而使自己在工作中更加得心应手。现在开始，从阅读中锻炼自己的逻辑思维能力吧！

TOPIC

1–2

职场第一课·信息管理

理解信息排列的规则

● 从信息排列之间寻找规律，抓取脉络。

QUESTION

我发现日常碎片化的信息让我无法深入地思考，因而当想要阅读一些篇幅较长的文章时，我总是没有耐心读完。在时间有限，又没有序言、推荐辅助的情况下，如何阅读才能既可以掌握信息的重点，又不会消耗过多的时间呢？

ANSWER

我们可以把文章看作字、词、句、段等信息的有序排列。它们排列的规则其实就是作者的写作思路，即文章的逻辑。如果我们能够理解并掌握这些信息排列的规则，那么就可以排除干扰，在短时间内抓住文章的要点。

信息排列的规则一：顺序逻辑

阅读时让人感觉内容清晰、层次分明的文章都是按照一定的顺序来架构的，我们称之为逻辑顺序。常见的逻辑顺序有时间顺序、结构顺序和程度顺序。

时间顺序：以时间为序的文章，有着明显的步骤和次序。它的内容往往是如何通过做出一系列的行为获得某个结果。在这类文章中，常常会有序数词出现，比如“首先”“其次”“第一”“第二”等。在序数词后，会紧跟概况性的句子，有时会以小标题的形式出现，后文往往是对这些标题的阐述与说明。阅读这类文章，我们可以先重点阅读带有序数词的语句，掌握文章的整体结构。阐述与说明部分则可稍后阅读。

结构顺序：是将整体分割为部分，或者将部分组成整体的一种表述形式。为了更好地阐述，有时作者会将信息进行重组，划分为相互独立的部分，而这些独立的部分组合在一起又构成了文章的全部。这种感觉就像是在向他人介绍公司的架构，每个独立的部分是各个职能部门，它们组合在一起构成了公司整体。阅读这种类型的文章，需要我们找出划分此结构的依据，它能够帮助我们更好地理解文章内容的主干。

程度顺序：又叫重要性顺序，即按照程度深浅，重要与次重要排列。对于以程度为顺序的文章，我们可以先精读重要的部分，泛读或略读次重要的部分。

虽然一篇文章有时会用到多种逻辑顺序，但是只要我们清楚信息的排列规则，就可以对信息的处理做到删繁就简，一目了然。

信息排列的规则二：结构逻辑

对于想要速读的文章，我们可以从文章的结构入手。结构是文章的骨架，速读时只抓住骨架部分即可。常见的文章结构主要有 4 种：

并列式：文章各部分的内容并重，无主次之分。

总分式：具有总述和分述两部分，总述在开头或结尾。

对照式：两部分内容进行对比，或者一部分内容烘托另一部分。

递进式：几部分内容逐渐深入。

理解规则，寻找规律，抓取脉络

在不需要速读时，我们也可以在阅读全文后，对文章进行结构划分。**这种划分可以帮助我们建立起认知框架，更好地理解文章的核心要点，避免出现阅后即忘的情况，尤其是对于篇幅较长的文章，非常适用。**

信息排列的规则三：表达逻辑

表达方式是人们在表述特定内容时所使用的特定的语言方法和手段。常见的表达方式有：记叙、说明、议论、描写和抒情。

记叙：将人物的经历、事件的发展、场景的转换等过程叙述出来。叙述的顺序一般有顺叙、倒叙、插叙和补叙。

说明：把事物的形状、性质、特征、成因、关系、功用等解释清楚，可以是实体事物，也可以是抽象事物。

议论：通过事实材料和逻辑推理，严谨地阐明自己的观点。

描写：用生动形象的语言，将人物、景物、心理等的状态具体描绘出来。

抒情：表达情思，抒发情感。

一篇文章往往会运用多种表达方式。熟悉这些表达方式的特点，掌握它们的规则，可以使我们在阅读时事半功倍。比如，想要关注事件的进展，则着重查看记叙部分；需要知道产品的参数，则重点查看说明部分；欲知作者的观点，则偏重查看议论部分。

信息排列的规则四：关联逻辑

一个段落是由若干个句子构成的。句子与句子之间，也存在着逻辑关系。它们分别是：转折、假设、并列、递进、选择、因果、承接和条件。确定句子之间的逻辑关系并不难，我们可以根据关联词来判断，例如："虽然……但是……""即使……也……""一边……一边……"等。这些关联词能够帮助我们在精读时更加准确地理解信息。

职场小路灯

● 阅读的目的是获取信息，因而在某些情况下，不必逐字逐句阅读。文章其实就是字、词、句、段的有序排列，掌握它们的排列规则，可以让我们删繁就简，减少信息干扰，对文章中的要点一目了然。

TOPIC

1–3

职场第一课·信息管理

逻辑思维能力的基础：是什么、为什么、怎么办

● 掌握在浅层阅读中抓住文章观点的基本法则。

QUESTION

最近领导推荐了一篇讲解行业知识的文章要我们学习。我尝试着先对文章的逻辑进行梳理，但是文章太长，梳理的过程花费了我很多时间。而且文章中的信息量太大，感觉处处是重点，阅读后反而不清楚作者最想说什么了。

ANSWER

梳理的过程花费太多时间，是因为平常阅读量太少，对信息排列的规则不熟悉。掌握文章的逻辑结构不只是知道了文章的框架，还要知道这些信息是如何布局的，去哪里找我们需要的信息。真正开始汲取信息是从有逻辑的思考开始的。

阅读不思考如同吃饭不知味

每一个初入职场的人，都带着对未来的满满期

待。为了更快地提升自己的工作能力，职场新人往往会购买大量的书刊来充实自己，认为书读得越多就能进步得越快。然而现实情况是，多数人只是满足于“阅读”这种形式，在阅读时有一种“自我陶醉”感，阅读后并没有什么长进，以致出现“读书并没有什么用”的想法。阅读流于形式，不进行任何思考，就如同机械地吃饭，无法感受到其中的美味，这样的饮食是无趣的，同理这样的阅读也是无效的。

学而不思则罔。

——《论语》

想要从阅读中有所收获，就要在阅读时进行思考。阅读流于形式，是在被动地接收信息，就好比一个人正在与我们说话，全程都是对方在说，而我们只是在心不在焉地听。长时间下来，我们常常就忘记了前面都讲了些什么。不思考的阅读亦是如此，即使记住了些内容也只是短时记忆，随着时间的流逝依然会淡忘，甚至是完全不记得自己曾经读过什么，更谈不上对自己的工作有什么帮助了。

出现这种情况的原因在于，被动接收的信息，没有经过思考来帮忙消化，就无法实现知识的内化。**我们应当把阅读视为一个交流的过程，作者在用文字与我们对话。当作者将他的观点或者他所知道的故事讲给我们听时，我们应当做出回应。这回应可以是认同、怀疑、反对和提出疑问。这个回应的过程即我们思考的过程。思考也有浅有深，对于初学信息管理技能的人，应当由浅开始，逐步深入。**

浅层阅读从是什么、为什么、怎么办出发，抓住作者观点

面对大量的信息，第一个问题应当问什么？

专业性较强的文章，大多是为了阐述某个观点，然后围绕这个观点给出依据和证明。我们在阅读的时候，要思考的第一个问题就是：这个观点在逻辑上是否成立？对于这个问题的思考方法，我们可以从是什么（论点）、为什么（论据）、怎么办（论证）这三个方面来拆解。

是什么（论点）：即文中论述的观点是什么？我们把作者所持的观点称为论点。论点多位于文章的开头或结尾，它是全文的中心，在文中起着统领全文的作用。论点必须是对客观事物的正确反映，并且要明确地表示赞成什么、反对什么，而不能模棱两可，含糊不清。

为什么（论据）：即为什么作者会有这样的观点？依据是什么？想要证明论点的正确性，必须要举出强有力的事实，或者正确的道理。这些用来证明论点的事实和道理，我们称之为论据。其中，事实论据包括具体的事例、概括的事实、统计的数字、可靠的史实、亲身的经历等，道理论据包括经典的著作、名言警句、谚语格言，以及自然科学的原理、定律、公式等。论据不仅要确凿还要典型，要能够与论点保持一致。

怎么办（论证）：即如何来证明这个观点？用论据来证明论点的过程，叫作论证。如果用的是“摆事实”的方法，那么就是事实论证；如果用的是“讲道理”的方法，那么就是道理论证。在文章的开篇提出怎样的观点，在结篇时应当归结到这一观点上，即论证的过程中不能离题。

思考文中的观点在逻辑上是否成立，其实就是思考是什么、为什么、怎么办三者之间的关系，即从提出问题，到分析问题，再到解决问题这一条线是否言之有理，合乎逻辑。

这一点在职场工作中也同样适用，就像在本章第一小节中文章开篇的对话里小洋提出的疑惑那样：会议中自己的发言，为什么会让大家感到“不知所云”？如果小洋能够按照“是什么”“为什么”“怎么办”的思路在会议上表述自己的观点，就能将自己的想法顺利传达给身边的同事了。

职场小路灯

● 阅读是双向的，这需要我们的大脑对接收到的信息做出回应。阅读时的思考多是由浅入深，浅层阅读可以先从是什么、为什么、怎么办这三个方面来思考。用这样的逻辑思维来应对工作上的问题，更是一种工作能力的体现。

TOPIC

1–4

职场第一课·
信息管理

将信息置于横竖坐标轴上思考

● 培养立体的思维模式，搭建全面的知识体系。

QUESTION

面对同样的信息，为什么有的人能够产生独到的见解，让人感觉观点新颖、印象深刻呢？他们甚至能够从那些与工作无关的信息中想到一些好的点子，为工作上的问题提供解决方案。这是因为他们拥有过人的智慧吗？

ANSWER

面对同样的文字表达，人们获取的信息很有可能是完全不同的。阅读的层级有高有低，低层的阅读指明白文字表面说的是什么，而高层的阅读指悟到文字背后的含义。这种差异不是由智力造成的，它与阅读的技巧和思考的程度有关。

将平面的信息立体地阅读

由字、词、句、段构成的文字表达，看起来就像是一个平面。按我们日常的阅读习惯，无论是看纸质文件还是电子书刊，似乎都是在阅读平面化的信息。当我们将对信息的理解停留在“文字说的是什么”时，这就是一种浅层阅读的状态。而那些博闻强识、能举一反三的人，好像是因为比我们阅读了更多的信息、拥有超越常人的记忆力，其实并不尽然。关键在于，在他们的脑海中，所阅读到的信息是以立体的方式存在的，信息与信息之间有着横向、纵向的连接，最终形成一个庞大的知识体系。这就是为什么有的人可能从来没有接触过某些领域的专业知识，却能够在短时间内快速掌握它的基本原理和运作思路。这是将平面的信息进行立体的阅读，即深入思考的结果。

将信息置于竖轴上思考：这是为什么？

深入思考需要刨根问底，需要反复地询问“这是为什么”。我们将所读到的信息置于竖轴上，可以帮助我们自上而下地进行深入思考。初次做这种思考方式的练习，我们可以从信息中已经给出的要点来进行梳理。在熟悉这种思考方式以后，再加入自己更多的思考内容。我们以前面的章节内容为例，看如何将信息置于竖轴进行梳理。

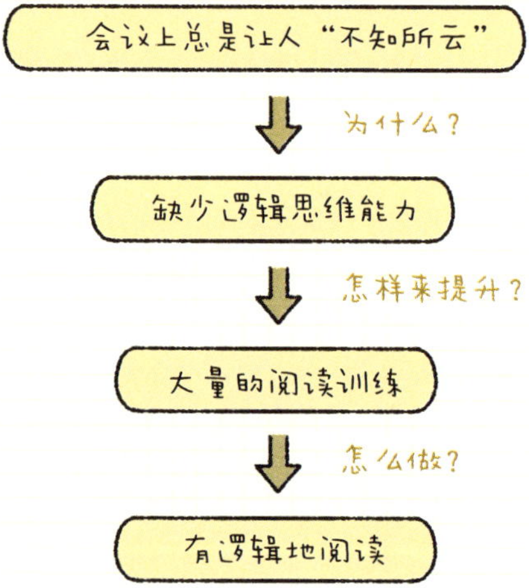

通过上面的演示图我们可以发现，置于竖轴上的那些要点不是独立存在的，而是有着某种联系。整个竖轴是沿着同一个问题不断地思考而产生的一条思考线，由一个信息推导到下一个信息，信息之间步步关联没有跳跃。

运用这样的方式来阅读，可以培养我们工作中纵向思考的习惯。例如小洋想要在会议上主张“为客户提供更优质的服务”这样的观点，可以先将要点列于竖轴上，然后依次阐述，就不会导致让别人觉得自己“不知所云”的尴尬情况了。

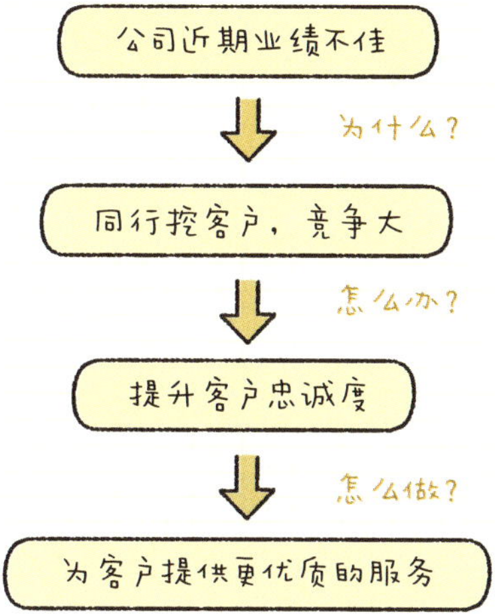

将信息置于竖轴上分析与思考，是我们在原有的知识经验基础上，进行二次加工和整理，从而产生新的结果。这种思维方式具有很强的缜密性和严谨性，但是也存在一定的局限。最常见的情况就是思维固化，形成思维定式，不能从原有的思路里跳出来看到更多的可能。

将信息置于横轴上思考：还有其他可能吗？

想要走出思维定式，需要我们多问问自己："还有其他可能吗？"这些可能性是可以独立存在的，它们之间不必有联系。将阅读到的信息置于横轴上排列，可以培养我们横向思考的能力。我们仍以本书的内容为例。

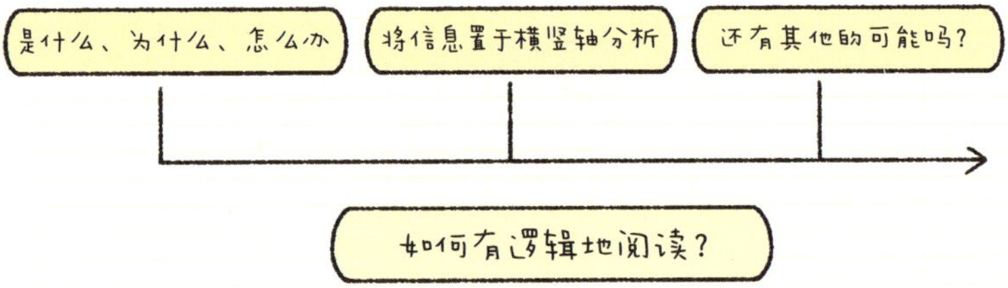

将信息置于横轴上分析与思考，可以帮助我们跳出原有的思维框架，为解决问题寻找更多的可能性。这样的思维方式，可以让我们灵活地应对各种各样的处境，做事不会出现教条主义。利用横向思维，有利于我们在工作中发现能够解决同一个问题的多种可能性。例如上述例子中小洋的想法通过如下的横向分析，可以得出多种解决方案。

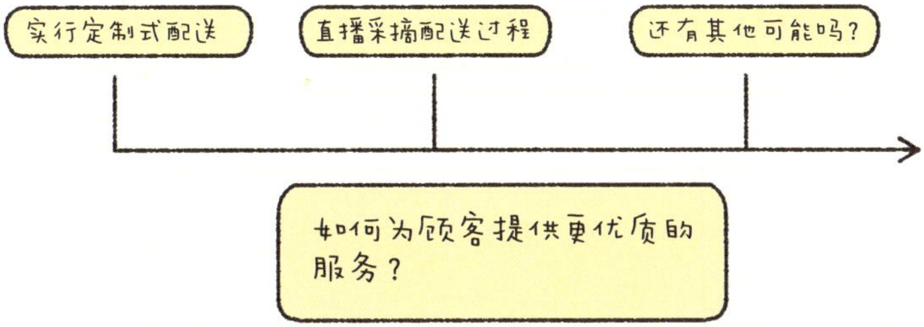

将信息置于横轴上思考，可以让我们受到其他事物功能、特征的启发，从而产生一些新的想法。在我们日常的工作生活中，也有很多横向思考的实例，比如：司马光砸缸救落水儿童，人类通过观察鸟的飞行发明了飞机等。

横竖轴的结合：全面与深入地思考

在面对信息时，有的人擅长将其放在横轴上分析，有的人则习惯将其置于竖轴上思考。其实这两种方式各有优缺点。横向的思考是一种全面性的思考，但是它对信息的理解会浮于表面；而纵向的思考是一种深入的思考，但是它具有局限性。我们在对信息进行解读的时候，有时候方向是错误的，或者答案是无解的，那么将信息置于竖轴上思考就等于做无用功；

将信息置于横竖轴，以立体的思维方式进行深层阅读

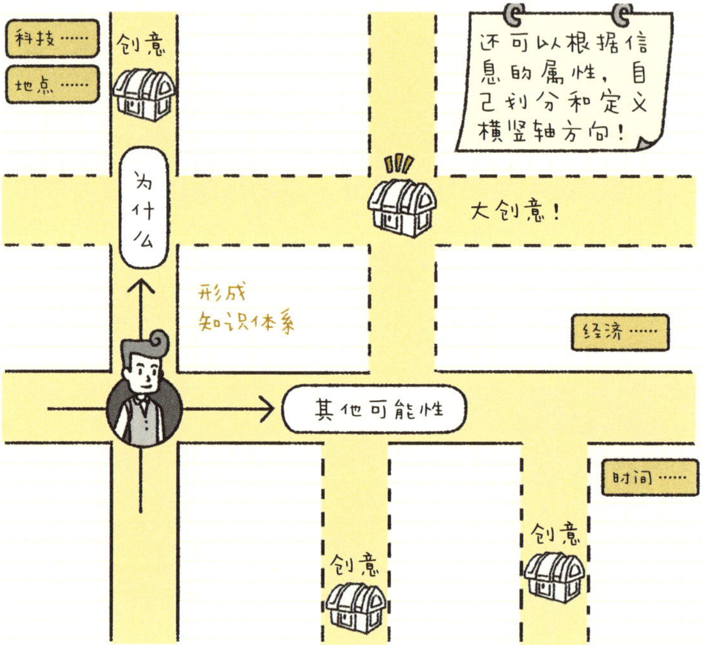

有时候只需要我们再深入地剖析一下，问题就能迎刃而解了，此时我们却已转向了别处。而只有将信息置于横竖轴上，此时我们才能得到全方位的、立体的思考。因此，**在思考的时候，我们应当将信息同时置于横轴和竖轴上，既要考虑到问题的全面性，又要对某一个问题进行深入分析，将“这是为什么”和“还有**

其他可能吗？”结合起来。

放开思路去思考，我们还可以根据信息的属性，自己来划分和定义横竖轴的方向，继而进行延伸思考。比如阅读一篇关于蔬菜种植基地发展规划的文章，我们可以将竖轴设置为“科技”，横轴设置为“经济”，从“科技”的角度寻找“为什么”以获得更多合理的方法，从“经济”的角度寻求“可能性”以挖掘更多发展的途径。横竖轴还可以分别是“时间”与“地点”等，不拘于一格地提问并思考，才能不断全面地扩展自己的知识体系。

职场小路灯

● 深层次的阅读需要我们以立体的思维方式来进行思考，将信息置于横竖轴上做解读，可以帮助我们培养这种思维方式。在实际的工作中，要多问“为什么”和“还有其他可能吗”，将两者结合起来才能全面深入地获取信息。

TOPIC 1–5

职场第一课·信息管理

多角度解读获得的信息

● 放大或缩小地看待信息，分别从局部和整体来考量问题。

第一次尝试做项目方案，我花了很多时间来搜集和整理资料。当我把足足写了三页的文档满怀信心地交给了主管时，得到的反馈却是：思路太狭窄，考虑问题不够全面，细节处理也不到位。我应该怎么做才能做好呢？

考虑问题不够全面也许是缺少对细节的思考，这类情况在职场上很常见。想要解决此类问题，需要我们同时拥有宏观和微观两种思维能力。日常阅读中试着多角度解读，将信息放大或缩小地去观察看待，可以帮助我们培养这种逻辑思维能力。

信息的缩放带来不同的认知

文字本身是没有意义倾向的，如果不能多角度地解读信息，它们就仅仅是排列整齐的符号而已。停留在表面的阅读，既无法获取更多的知识，也不能提升与工作相关的能力。**试着将所读的信息放大或者缩小进行观察，可以让我们站在不同的角度来看待问题、思考问题。**

将信息放大，是指从局部思考，从细节处入手，将一个完整的信息拆分成部分，并对每一个部分做出深入、细致的了解。这种思考问题的方式，也叫微观思维。而将信息缩小，是把我们思考的对象置于一个大环境中，从整体来考虑，这是一种宏观思维。

小米和小洋在一起讨论他们所就职的蔬菜配送公司是如何诞生的。在小洋看来，公司的成立是老板个人的选择。他的实力、兴趣及资源等决定了公司的诞生。而在小米看来，公司的成立是市场的选择，是市场需要能够满足“蔬菜配送”这一需求的公司。

小米与小洋的观点都没有错，他们采用的是不同的思维方式。小洋把“公司”放大，从公司内部的角度来看待问题，而小米则把“公司”缩小，当作市场的一个部分来分析。同样的研究对象，将其放大或缩小后观察，我们获得的是不同的认知。

通过微观或宏观的视角，全面解读信息

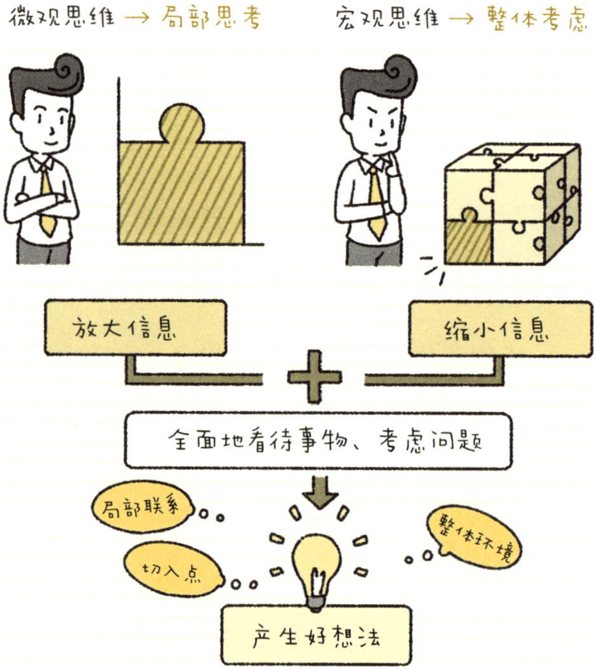

放大信息的同时，也缩小信息

有时候，我们阅读一篇文章可能会感觉既要把握结构又要抓住要点，理解起来比较复杂，那么我们可以把文章拆解成几个部分来应对。当然，**对每个部分**

进行深入分析并不意味着就是对信息的完全理解。更进一步地，需要我们思考这些部分之间的联系，它们是如何构成一个整体的，每一个部分与整体之间又有怎样的关系。只有认识到这些，才能真正地获取信息。

小洋在入职蔬菜公司的第一个月里，被安排到各个部门去实习。通过轮岗实习，他不仅了解了各个部门的主要工作，还明白了部门之间是如何协同合作的。实习结束，小洋对公司的整体运作流程已经了如指掌，工作起来也得心应手。

实习期轮岗是从宏观与微观角度来思考问题的很好的机会。宏观思维是从全局的角度来分析问题，而微观思维更多的是关注细节。虽然宏观思维具有前瞻性，能够把握住大方向，但是如果不注重细节很容易导致“方向很好但难以执行”的情况发生。工作中很多看似不错的方案，在执行时总是困难重重难以继续，这样的情况多是由于偏重整体轻视局部造成的。但是，太在乎部分而不考虑整体的情况，也会使思维受到局限，最终因缺少远见而导致前进障碍。最常见的情形是只顾埋头苦干不看前方道路，花费了大量心力的工作成果已经不适用于当下发生了变化的环境。

因此，**我们在解读信息时，既要看到整体，又要看到局部，将整体和局部的视角结合起来**。例如，在阅读与行业相关的文章时，我们可以从宏观的角度考虑文章中的观点将给行业带来什么样的影响，未来的发展趋势会如何；再从微观的角度考虑信息中的某一个要点，其可行性及能够为当前的工作解决哪些问题等。

值得注意的是，对于客观事物而言，宏观与微观是相对的。一个看起来已经是整体的事物，放在更大的空间中去观察，它可能就变成一个局部。反过来，一些看似是局部的事物，放在小一点的空间里，表现出来的可能就是一个整体。比如说在蔬菜配送公司，单看一颗白菜，它是一个整体；而如果将它放到货架上，与更多的白菜放在一起，那么这颗白菜就是一个局部。因此，**我们所面对的客体事物到底是一个整体**

还是一个局部，是由我们研究的角度和它所处的环境决定的。所以我们在阅读的过程中，必须考虑当下的环境。

那么在解读信息时，我们应当从整体到局部地思考，还是从局部到整体呢？其实，这无关优先次序，采用“先易后难”的原则就可以了。从哪个角度更容易找到切入点，就先从哪里入手分析。

职场小路灯

● 将所读的信息放大或缩小，可以让我们通过微观或宏观的视角来解读信息。宏观与微观的界限是相对的，我们在阅读的过程中既要考虑当下的环境，又要将两种思维相结合。

推荐的逻辑思考方式

掌握方法，为大脑的思考储备更多解决问题的武器！

身在职场，每天都要面对大量的信息，作为新人如果不能掌握信息处理技能往往会难以应对。拥有良好的逻辑思维能力有助于我们对信息进行深入、透彻的理解，进而更好地完成我们的工作。将这种能力与工作相结合，还可以帮助我们提升工作当中的沟通力、表达力和判断力等。

在阅读信息的过程中有逻辑地思考，是训练逻辑思维能力的有效途径。那么在这一节我们就来看看，有哪些行之有效的经典逻辑思维方式吧！

“5W1H”分析法

“5W1H”分析法是指对信息从 what（什么事）、

why（什么原因）、when（什么时候）、who（什么人）、where（什么地点）、how（什么方法）6个方面去提出问题。**学习应当从提问开始，“5W1H”分析法连用6个问题来引导我们了解作者的主张。**这种方法操作简单、易于理解，能够帮助我们轻松地简化信息并有效地抓住主干，进而启发我们进行全面的思考。

what：这则信息的主要观点是什么？

why：为什么会有这样的观点？依据是什么？

when：在什么情况下产生了这样的观点？（即产生的前提条件和环境）

who：发表观点的作者是谁？其背景是怎样的？

where：在哪里发表的这样的观点？公开场合还是私下交流？

how：作者是如何阐述其观点的？是否可考证？

归纳法与演绎法

归纳，是根据一类事物的部分对象具有某种性质，推出这类事物的所有对象都具有这种性质的推理方法。

条件：

蔬菜配送公司

客服部的员工小米早上9点上班

市场部的员工小洋早上9点上班

结论：

蔬菜配送公司的员工早上9点上班

演绎，是从一般性的前提出发，通过推导（即演绎），得出具体陈述或个别结论的过程。通过演绎来推理的主要形式是“三段论”，即大前提（公理等）——小前提（具体事实）——结论（假说、推论）这样的公式。

条件：

（大前提）蔬菜配送公司的新员工实习期规定是3个月

（小前提）小洋是蔬菜配送公司的新员工

结论：

（推论）小洋的实习期是3个月

我们在日常生活中，总是先接触到个别事物，随着量的积累，会逐渐掌握这一类事物的整体特征，即推及一般，然后从一般的情况中对个别事物又有新的认识。这个过程是循环往复、步步深化的。**从个别到一般的过程就是归纳，从一般到个别的过程则是演绎。归纳是演绎的基础，没有归纳就没有演绎。同时，演绎是归纳的前提，没有演绎也就没有归纳。**

综合法与分析法

综合法是指将与研究对象有关的各个部分，包括其侧面、属性等联系起来考虑，将原本分散的部分整合在一起，从整体的角度把握事物的本质特点及其发展规律，从而获得新的知识、新的结论的一种逻辑思维方法。

分析法是把复杂事物分解成各组成要素及其关系，并根据事物之间或事物内部各要素之间的相互关系，通过由此及彼、由表及里的研究，达到认识事物目的的一种逻辑思维方法。

在这里需要注意的是，**经过综合分析得到的整体，与信息最初的整体是不同的，它是一个全新的认识。综合不是简单地将各个要素混合在一起，而是一种认知上的提高。**

分类法与比较法

分类法就是按照事物的性质、特点、用途等，将符合同一标准的事物分类，不同的则分开的一种认识事物的方法。分类法可以使大量的繁杂信息变得条理化、系统化，从中发现事物发展的普遍规律。

比较法是通过观察、分析，找出研究对象的相同点和不同点。比较法可以让我们认清事物的水平和差距、了解事物的发展过程和规律、判断事物的优劣真伪。

掌握方法深入理解信息，提升思考能力

逻辑树分析法

逻辑树又叫问题树、演绎树或分解树。这是全球著名的管理咨询公司麦肯锡最常使用的方法。逻辑树是将问题的所有子问题分层罗列，从最高层开始，并逐步向下扩展。

我们在对信息进行思考时，可以将一个已知的要点当成树干，然后考虑哪些要点与它有关，有关的用树枝（分支）的形式在树干上画出来，并注明这个要点的内容。在一根树枝的基础上还可以继续延伸画出更多的小树枝（小分支）。依此类推，直至找出与信息相关的所有要点。最终呈现在眼前的即是一棵信息丰富而且层次分明的树。**通过逻辑树来思考可以帮助我们理清思路、分清层次，不做重复或无关的思考。**

反复训练，活化头脑

有意识地进行逻辑思维能力的训练，能够让我们的头脑变得更加灵活，思维更加缜密，在工作中拥有更清晰、更开阔的思路。因此，**在日常生活中接收信息、处理信息时，我们可以灵活地运用这些方法，并将多种方法巧妙结合，随着时间的推移和量的积累，就会形成有逻辑的思考习惯。**

另外，思考并不意味着仅仅依靠大脑独自运转，**我们可以借助一些工具来辅助大脑的思考，比如用纸笔写出来、画出来，用模型来演绎，用资料来佐证等。在工具的辅助下，我们的思考可以更加形象化、具体化，更有利于得出正确的结论。**

PRACTICE STARTS
课后作业

基本 掌握思考问题的方法可以帮助我们提升逻辑思维能力，从而有效地处理信息。在脑海中记住这些方法吧！

活用 找到最近接触的一则信息，尝试运用本章介绍的方法对其进行思考与分析吧。

接收的信息，对你的工作无效、有效，还是超效？

面对种类繁多的资料，你都用一个“套路”阅读吗？你是否读着读着，由于不明所以而走神，或者由于枯燥无味半途而废？找到合适的阅读方法，即刻开始从信息中获取智慧产能吧！

培养你精准高效的信息管理能力

- [ ] 第1章 信息理解：必要的逻辑思维能力是基础
- [x] 第2章 信息接收：可以带来产能的高效阅读方法
- [ ] 第3章 信息转化：让智慧阅读真正有益于工作
- [ ] 第4章 信息输出：准确接收、传递和评论信息的关键
- [ ] 第5章 信息搜集：充分利用纸质笔记本
- [ ] 第6章 信息管理小测试 Ready? Go!

第2章

信息接收：可以带来产能的高效阅读方法

TOPIC

2–1

职场第一课·信息管理

高效阅读的基本方法

● 从速度与质量上把握高效阅读的关键。

QUESTION

有的人一年可以阅读上百本书，而我一本书要看上好几个月。是什么原因造成这种速度上的差异呢？就算是一字一句地仔细阅读，过段时间我还是会忘记书中的内容，过目不忘式的阅读方法究竟是怎样练成的？

ANSWER

我们读书的目的在于获取知识为我所用，而学习是一个循序渐进的长期过程。盲目地追求阅读的速度而忽视阅读后的效果是不可取的。高效地阅读需要我们做到不仅能够达到一定的阅读速度，还要把控好阅读的质量。

提升阅读的速度

有时候，我们想要阅读却不知应读什么书，或者随手拿起一本看了许久才发现兴趣全无。如此反复，时间都浪费在了选书上，速度自然无从提起。而有目标的阅读可以节约时间并提升我们的阅读量。

为了避免上述情况的出现，在选书之前先问问自己想要通过阅读获得哪些知识，带着具体的目的去寻找相关的书目。另外，在平时就养成随手记录他人推荐的书目的习惯，并将同一领域的书籍归类形成书单。在确定了目标以后，对书单里面的书进行筛选并通过网络查找大家对这些书的评价，再判断哪些书适合自己读，哪些书应当优先读。**面对即将阅读的书，先不要急于看正文，而是浏览书的目录，以此来了解全书的逻辑。接下来浏览序言部分，再随手翻开书中的某几页，查看书的内容是否能够引起自己的兴趣，难易程度又是怎样的。**在确定这些内容以后，再开始阅读，可以最大程度上避免读了开头就失去兴趣、难以再继续的情况发生。**这些阅读前的准备工作可以帮助我们减少选书的时间，直奔主题，提升效率。**

在阅读之初有主题目标，在阅读之末还应有时间

目标。给自己设定一个阅读期限：在多长时间内读完这本书，这样可以增强我们的紧迫感，避免一再地拖延。集中时间阅读一本书能够很好地保持阅读的连贯性，对书中的内容可以有更好的理解，避免看了后文忘了前文。

保持阅读时的专注力是提升阅读速度的必要条件。找一个适宜的环境静下心来阅读。如果不能很好地集中注意力，可以边用手指滑过文字边阅读，让自己的注意力被手指牵引着前进。在阅读的过程中，要适时丢掉逐字阅读的习惯，不用担心因此影响自己对内容的理解，或是看到的内容会有所遗漏，我们的大脑远比我们想象的要运转得快。在长期的阅读训练中，它会形成对信息进行快速分拣的超强能力。

一本书一定要读完吗？答案是否定的。**我们读书的目的是为了吸收可取的养分，而不是为了从形式上将全书从第一个字读到最后一个字。**书籍是我们的工具，应当为我们所活用，而不是反过来，让自己成为书籍的奴隶。根据自己的需要有选择地阅读才是明智之举。

另外，有深度的读物需要消耗更多的脑力，长时间的阅读可能会让我们的注意力无法集中，从而影响阅读速度。这个时候不妨休息一下，或者换一本轻松的读物，总之要做到劳逸结合，张弛有度。

提升阅读的质量

只顾阅读的速度，不管吸收的效果，是在做无用功，因而提升阅读的质量也很重要。好书当读三遍，这样既能有效地理解作者的主张，又能很好地消化吸收，在工作与生活中为己所用。

第一遍：通读，了解作者在说什么，欣赏作者的见识与文采。从书的序言和目录读起，思考对于每一个章节的话题自己目前的认知是怎样的，这样有利于在阅读正文时与作者的观点产生碰撞，从而引发更多的思考。**接下来可将书的目录画成思维导图，在阅读时将文中的信息要点不断地补充到导图中去。**这是将一本书读薄的过程。阅读时的任何想法都可以写在书上、纸上或者电子文档上，形成读书笔记。**时刻与书**

提升速度、保证质量的基本阅读方法

①

②

③

善用碎片化时间

做互动，而不是被动地接收信息。笔记应当重内容轻形式，方便自己查看即可。

第二遍：精读，此时不需要再看全书，只看思维导图和笔记就可以了，因为它们积聚了全书中可以为我们所用的精华。对于思维导图，重点查看信息之间的逻辑关系；笔记则可以引发二次思考，因为阅读全文后再来看当初的问题可能会得到不同的见解，这个时候要随时在笔记中补充自己的新想法。遇到不甚理解或者读出新意的地方，可以再次返回原文处进行精读。

第三遍：侧读，通过讨论与写书评来验证自己的学习效果。根据作者所阐述的观点，我们可以立一个与之相关的选题，围绕这个选题写一篇文章或者与他人讨论，以加深印象和更好地消化。我们也可以写书评，并阅读他人的书评与之做对比，以此训练我们从不同角度思考问题的逻辑力。

当我们阅读完一本书后，可以根据书单上的书目继续阅读同类型的书。这样做的好处是，既可以跳过重复的选书部分以节约时间，又可以对现有的知识不断地补充，从而建立起一个完整的知识体系。**主题阅读是提升阅读速度与质量的有效方式。**

善用碎片化的时间

高效阅读还需要我们善用碎片化的时间。出门之前就安排好自己的阅读计划，最好是篇幅短小的轻松读物，即使被频繁地中断也不会影响对全书的理解。阅读的方式可以是纸质书、电子书，也可以是有声读物。这些时间还可以用来查证读书笔记中留下的一些疑问，比如个别字词的读音与含义、某个概念的定义与运用等。**在碎片时间里集中处理阅读中遇到的知识障碍，也是高效阅读的诀窍之一。**

职场小路灯

● 高效阅读的前提是要选择适合自己阅读的书。在阅读时要从提升速度和质量两个方面着手，同时对碎片化的时间加以利用。进行主题式阅读可以帮助我们节约时间并建立起完整的知识体系。

TOPIC

2–2

职场第一课·信息管理

新闻的阅读方法

● 快速抓住重点，深度解读信息！

QUESTION

为了跟上信息社会的节奏，我每天都会阅读新闻。虽然新闻看了不少，但是阅读能力却并没有得到明显提升。而且对于同一件事，不同的媒体有时说法也不一。怎样阅读才能把握住新闻背后的真相呢？

ANSWER

事实上，对于包罗万象的新闻，我们应当有选择地去阅读。新闻虽短小但涵盖的信息量可以很大，掌握正确的阅读方法可以增强我们的分析力，迅速抓住新闻背后的真相也就变得容易得多。

阅读新闻前先认识“新闻”

我们日常所说的新闻是指社会上新近发生的事，

一般通过报纸、电台、电视台、互联网等媒介传播。通过阅读新闻，我们既可以与世界发生连接，又可以挖掘其中的价值为己所用。

新闻并不是客观事实本身，它是报道者对客观事实进行主观反映之后的产物，包含了事实和意见两部分。对于事实，不同的报道者会有不同的描述，关注的重点也可能截然不同。而意见是人们对事物所产生的看法或想法，再客观的意见也会有主观的成分。传播者会人为地对信息进行删减甚至篡改处理，或是因为载体容量限制，比如报纸版面太小、节目时长有限；也可能是带有某种目的，比如博人眼球、迎合读者、引导舆论……这些人为的因素显然会影响我们对新闻的判断。以上都是在同一事件下我们会看到不同版本的新闻的原因。

信息大爆炸下新闻的基本读法

随着互联网技术的发展，可以说我们对信息的接收已经出现了“严重超载”。我们阅读新闻的目的是为了获取对自己有用的信息，比如丰富谈资用以增加社交黏性，增长见识提升个人魅力，收集信息指导生活与工作等。带着目的去看新闻，可以让我们快速地筛选信息、处理信息。

面对整版或满屏的信息，我们应该先找到自己感兴趣的栏目，然后从浏览标题开始。对于与自己关系不大的新闻可以只阅读标题，想要深入了解的再进入正文阅读。**正式阅读之前，最好关注一下新闻发布的时间及发布的媒体。**这有利于判断该新闻的价值，尤其是在我们因工作或学习的需要而主动查找新闻的时候。当然，过去的新闻不代表毫无用处，非权威的媒体也不一定就含金量低，我们需要具体问题具体分析，运用多种逻辑思维方法综合来看。

新闻一般由标题、导语、背景、主体和结束语组成。我们根据自己的需求来阅读，比如扫读、跳读、通读、精读等。**在时间有限的情况下，可以只读导语，它出现在新闻的第一段或第一句，包含了新闻最重要的信息。**

探索新闻真相的多种解读方法

当我们希望通过新闻来获得更多信息为工作或学习所用时，首先要明确的是，要“研究”新闻而不是“消费”新闻。研究是主动的，是带有逻辑思考的；消费是被动的，是缺乏怀疑精神的。单纯地增加阅读新闻的数量，并不能为我们带来大量的知识或者提升各种能力。如同小洋一样被动地接收新闻，不做任何的信息处理，就无法将信息中的价值提炼出来为己所用。“听过很多道理，却依然过不好这一生”是很多在工作及生活中缺乏成就感的人的真实写照，其根源就在于：被动接收信息、缺乏主动思考。而从多个角度来解读新闻可以培养这种主动的思考力。

- **比较性地阅读。**由于掌握的资料不同，个人的立场不同，同样的事件经不同的媒体报道出来很可能传达出不同的信息。对于自己想深入了解的新闻，比较多家媒体对同一事件的报道，可以让我们更大程度地了解事件的真相及各方的观点。
- **客观性地阅读。**我们在阅读新闻时会不自觉地将信息中与自己最接近的地方产生联系，比如说事发地刚好是我们的家乡，当事人身份与我们一样同是职场新人等。这些因素会成为我们关注的焦点，并将自己的情感代入，从而忽略了其他的可能更重要的信息，以致得出主观、片面的结论。在一则关于某企业招聘会的新闻中，报道了被录取的男性与女性的人数。面对明显男多女少的情况，再联想到自己

抓住新闻重点，深度解读信息

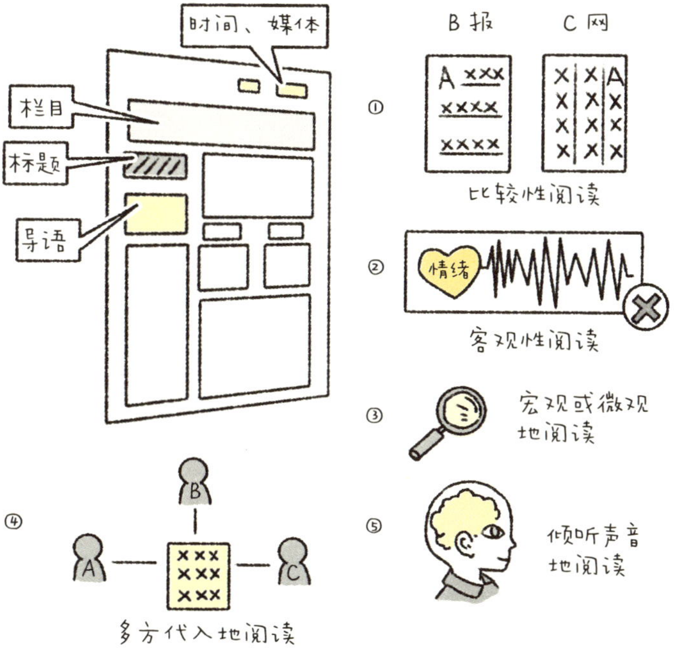

在过去的面试中曾遭受过的性别歧视，小米想当然地认为该企业也有同样的问题。而实情是这是一家建筑工程类公司，招聘的岗位也多与重体力劳动有关。

- **宏观或微观地阅读。**花了大量篇幅且在各处登载的新闻不一定是对自己相当重要的新闻，而轻描淡写一笔带过的新闻也不见得是与自己无关的小事件。试着将“大新闻”缩小了看，将“小新闻”放大了看，可以看到新闻的不同层面。例如某公司近期频繁地出现在新闻当中，看似越来越强大，其实把整个事情缩小了看，这很可能只是企业的一种宣传手段而已。

- **多方代入地阅读。**通俗地讲就是尊重事实，从信息中涉及的几方角度去看待问题，而不是根据个人主观想法先判断是非再去给自己的观点寻找依据。做到这一点，往往需要我们把自己代入事件当中的多个人物中去，思考当时的情境是怎样的，换作自己会做出什么样的行为等。避免仅从某一方的角度去考虑问题，造成分析信息时的不完整性。

- **倾听声音地阅读。**互联网的发展，使我们越来越方便了解他人的观点。在阅读完新闻以后先进行独立的思考，然后再参看一下众人的评论。倾听他人的声音，重点不在查看有多少人与自己观点相同，也不在与他人争辩对错，而是思考“为什么会产生不同的意见？”“这个意见是否成立？”等，以此来拓展思维，提升逻辑思考能力。

职场小路灯

- 信息爆炸时代需要我们有选择性地、智慧地去阅读新闻、接收信息。了解新闻的特性，掌握基本的日常浏览方法，再试着从多个角度去深度解读新闻，如此可以提升我们对信息的洞察力以及逻辑思考能力。

TOPIC

2–3

职场第一课·信息管理

统计资料的阅读方法

● 从术语、数据再到逻辑分析，一步步接近事情的真相！

QUESTION

公司准备开发新项目，发放了很多统计资料给我们，以征求大家的意见。对于含有大量数据的统计资料，我的理解力常常停留在数字表面无法深入思考。怎样才能解决这个问题呢？需要深入地补习数学或统计学的相关知识，才能读懂统计资料吗？

ANSWER

统计资料中的数据虽与数学、统计学密切相关，但我们阅读资料时只是借助数据了解事实真相，所以掌握其相关基础知识就可以了。想要看懂统计资料，需要我们掌握基本的阅读方法，再通过逻辑思考看透数据，从中了解更多的信息、把握事物的本质。

统计资料的基础阅读法

统计资料是统计工作所取得的各项数字资料及文

字资料，它包括刚刚调查取得的原始资料和经过一定程度整理加工的二手资料。统计资料分析的对象不是个体，而是群体规律。

在阅读统计资料之前，我们有必要了解一下相关的专业术语。它可能来自于统计学，例如概率、样本、变量、平均数、中位数、同比、环比等；也可能源于某个行业，例如转化率、利润率、投入产出比、回访周期等。专业术语数量虽然庞大，但并不需要我们一一掌握。与统计相关的，我们只需要了解常用术语；与行业相关的，以我们工作领域的为主就可以了。偶有新的术语出现影响了对资料的理解，当场查明即可。**适当地了解一定的专业术语是我们读懂统计资料的前提。**

虽然统计资料可以为我们的研究提供参考依据，但是它也有自身的局限性。准确、及时、全面是统计调查的基本要求，然而在实际操作中很多因素都会导致统计结果不能做到百分之百的真实与客观，比如没有采用科学的统计方法、数据记录错误、被调查者隐瞒实情等。因此，我们需要对统计资料进行审读，剔除存疑内容，明辨资料所反映的真实信息。**对于资料的审读，我们先从来源开始看。**一般来说，当事人优于局外人，文字记载优于坊间传闻，权威机构优于微小企业。**接下来可以根据自己的经验和常识对资料内容进行判断，也可以分析其前后逻辑是否成立。如果拥有多份关于同一主题的统计资料，将它们对比参照着看也不失为一个好方法。**

统计资料从基本到深入的阅读法

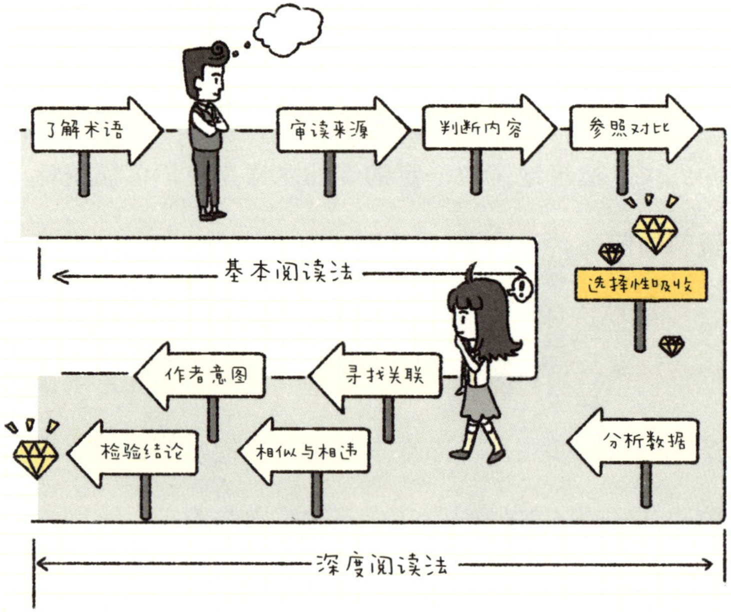

在对统计资料进行审读以后我们应当思考：我们想要通过这份资料来了解哪一方面的内容？**每一份统计资料都有自己的研究对象，也会涵盖非常丰富的信息，但这些并不一定都是我们要研究的课题。我们并不需要全盘接收，选择性地阅读其中能够帮助自己的部分就可以了。**

统计资料的深入阅读法

统计资料有三要素：正确的方法、有效的数据、规范的解释与结果表达。数据在其中的重要性是不言而喻的，它如同行进路上的路标，为我们指明最终的方向。然而和小米一样看不懂路标，不明白路标的真正含义的也大有人在。这使得阅读统计资料时往往不能深入。**数据本身是没有生命的，只有经过分析的数据才有意义。通过数据分析我们可以更好地做出判断和决策。**

小米所在的蔬菜配送公司，上个月第一次尝试在线投放广告，花费 2000 元带来了 10 000 元的收入。

本月增加了投放渠道，广告费用增加至3000元，带来收入12 000元。表面上看随着广告费用的增加，带来的收入也在增加。但是如果不优化投放方案，继续增加广告费用，在后期很有可能出现亏损的情况。因为经过数据分析可以看出，上个月的投入产出比是1∶5，而本月的是1∶4。也就是说，同样是投入1元的广告费，本月所带来的收入比上月有所减少。

数据分析能力并不能速成，而是在不断的练习中一点点提升的。在**日常训练中可以多看一些与工作相关的行业报告，向他人学习如何分析数据。**

在对数据有一个深入的了解以后，我们还要对全文进行逻辑分析，从零散的信息中找到它们之间的内在联系。在这个过程中，我们也许会发现自己的结论与资料中的结论并不相同。这个时候，**我们就需要思考统计资料与自己想法的"相似与相违"来进一步接近事实真相。**自己的推理与统计资料有哪些一致的观点，又有哪些不一致的观点；为什么会存在相违之处；导致双方观点不一致的主客观原因是什么……如此思考下来，就能越来越接近事实真相，找到问题的客观根源所在。

我们还可以试着去了解统计资料制作者的意图。明白了资料制作者的意图，也就能明白统计资料到底需要反映什么样的事实主题。**对于最终的结论，我们可以借助更多的相关资料加以分析来寻求真相。**结论应当建立在事实的基础上，同时也要符合逻辑。最后，我们通过不同的方式来反复深入地验证结论的正确性，让结论更好地指导工作，明确方向。

职场小路灯

● 统计资料能够为我们的工作提供参考依据，但是它也存在着一定的局限性。在阅读时要有求实精神，同时运用自己的逻辑分析来判断。统计资料服务于我们的工作，阅读时应当有所侧重，而不必全盘接收。

TOPIC 2–4
职场第一课·信息管理

图表的阅读方法

● 从图表的要素、构成、类型与特点出发，逐步深入理解。

QUESTION

每个月的月度会议上，公司都会将经营数据绘制成不同的图表公布出来，让大家做运营分析。图表中除了大量的数据就是各种各样的图形，看似并没有太多的信息，感觉不太好理解。为什么不直接采用文字来阐述呢？

ANSWER

图表有自己独特的优势，一张简单的图表也可以包含相当丰富的信息，这是文字难以用几句话表现出来的。通过阅读图表中的数据和图形并加以逻辑分析，可以让我们透过数据表象看清事物的发展规律和内在联系，为工作提供更加理性的决策依据。

了解图表的基本要素

图表是传递信息的一种重要形式。为了把复杂的事物规律表达得更加清楚，人们通常会采用绘制图表的方式将其直观展示，使人一目了然。**图表不仅可以展现原始数据以及数据之间的关系，还能够简洁、明了地反映出事物的变化规律**。如果用文字来阐述这些信息，尤其是关于时间、空间及抽象概念方面的，不仅在表达上需要大量的笔墨，读者理解起来也有一定的困难。可以说，图表与文字在传递信息方面是相辅相成、相得益彰的。

不同的图表有不同的构成要素，最常见的有标题、坐标轴标签、图例、数据标签等。**了解图表的结构是我们看懂图表的前提**。图表的标题一般在图表顶部居中的位置，它简明扼要地指出了该图表所展示的内容。坐标轴标签是用来说明水平轴或垂直轴上所列数据的具体含义，一般带有单位 ，如时间（月）、金额（元）等。图例通常集中于图表的一角或一侧，用不同的符号或者颜色代表不同的内容，帮助我们区分图表中的同类信息。在图表中显示的数据被称为数据标签，它代表着当前图示的具体数值，方便我们对数据进行比较。

对于日常工作中的图表理解，不需要大量的专业知识，了解基本概念足矣。**在阅读图表时，要抓住全文的中心思想，弄清楚作者想要通过该图表说明什么样的问题。**

对于镶嵌在正文中的图表，作者的意图一般会在图表的标题、文中的数据分析及最终的结论处表明。如果是比较复杂的图表，我们需要结合上下文对照着看。在阅读文字的同时对照着图表，找出文中所指的数据，根据作者的分析查看图表中的数据变化，分析它们之间是否存在某种逻辑关系。

图表是加工后的数据，即使是公开发表过的图表也可能存在问题。原始数据采集错误、绘图方式不够科学、逻辑推理不够客观等，都有可能导致图表信息出现差错。在工作中如果需要借用图表做更为严谨的分析，需要我们对图表更进一层地阅读。**从宏观的角度考虑这个图表是如何得来的，制图过程是否科学，作者的推论是否符合逻辑等。也可以从微观角度分析**

各项数据、坐标标签等各项要素是否合理。在有必要的情况下，还可以根据自己的需求和思路，对图表中的数据进行演算和分析。另外，对于难以理解或判断的图表，向制作者或者更专业的人士请教，是快速、准确理解图表的最佳途径。

从图表的要素与特点出发分析理解信息

常见图表的类型、特点

图表的类型有很多，即使是相同的数据，选择不同的类型来绘制，得到的直观效果也会存在着较大的差异。一般来说，作者为了更好地阐述自己的观点，都会选择最能表达自己意图的图表类型。**了解常见图表的类型及特点，可以帮助我们进一步理解图表中所包含的信息**。下面，我们就来看看常见、常用的图表有哪些类型，各有什么特点吧。

统计表：将数据按一定顺序排列在表格中，用以表现数字资料的整理结果。

曲线图：通过曲线的升降来反映被研究对象的发展变化趋势。

柱形图：用宽度相等、长度或高度不等的条形来表现数据的变化及它们之间的比较情况。

饼状图：常用来表现被研究对象的构成，以及各个部分在总体中的占比情况。通过饼状图可以了解每个部分对总体的影响大小。

折线图：多用于展示随时间而变化的连续数据，用以反映一组数据的变化趋势。

面积图：强调数量随时间而变化的程度。

雷达图：用于多维数据，可以展现被研究对象在多个维度上的数据情况。

阅读这些图表时，我们首先要进行整体阅读，了解图表的主题及主要反映哪个方面的问题。然后观察图表中各个构成要素的关系及每组数据之间的变化，并找出它们之间的内在联系，进而分析出其中规律性的东西。另外，还要注意文字中使用的描述性词，如“增长了”与“增长到”，“同比”与“环比”等，一个字的相异往往也会使表达的含义有很大的差别。

对于没有上下文解说的单独存在的图表，我们也不需要感到棘手。**先分解图表中的主体要素，比如横竖轴各代表的是哪两个方面，再通过图形类别思考其所要表达的内在关系，在脑海中用文字概述出来，进而通过数据及单位深入分析图表所喻示的现象。**

我们还可以在图表的基础上采用“倒推法”补充相关联的信息。如果是自己制作这张图，要考虑如何明确图表所要表达的现象范围，制图是为了给哪一类人群参阅，图表用于何种情境等。如此，即使是面对简单的图表，只要掌握了适用于自己的逻辑思考方法，图中用文字三言两语所不能完整表达的信息，也能被我们高效汲取了。

职场小路灯

● 图表是使数据规律可视化的重要手段，了解不同图表的特点，可以让我们更好地理解数据、分析现象。图表与文字互为补充，在信息传递中发挥着相得益彰的作用。

TOPIC

2–5

职场第一课·信息管理

专业书籍也可以轻松阅读

● 对待不同种类的专业资料有不同的阅读方法，找到适合自己的方式最重要。

QUESTION

我最近在考虑报考在职研究生，备考期间需要阅读大量的教科书、文献和学术论文来丰富自己的知识库。因为是非全日制学习，加上平常还要上班，时间和精力都有限，我该怎样才能将这些看似枯燥的专业书籍和资料读得轻松一点呢？

ANSWER

因为涵盖大量的专业术语和理论，很多人都认为专业书籍和资料难读也难懂。其实，无论是教科书、文献还是学术论文，它们都有自己常规的阐述方式，找出自己需要的部分精读，其他的信息泛读或略读即可。

教科书的轻松读法

教科书是一门课程的核心教学材料，也是该研究领域知识的合集。对于初次接触某个领域的教科书，建议先从序言开始阅读。**在序言中，我们可以了解到该教科书的主要内容，从而对全书有一个整体的认知，借以初步辨别它的难易程度。**

对于需要系统学习的必读教科书，那么在序言之后需要查看该书的目录。**教科书的目录往往反映着全书的大纲脉络，将目录整理成逻辑思维图，这样可以一目了然地了解全书的整体结构。**在接下来的学习中，将每一章节的要点补充到逻辑思维图中去，用以完善整体结构图。另外，还要理论联系实际地进行思考，例如：生活中哪些现象印证了这个理论？这个公式最常应用的场景有哪些等。**我们可以将这些思考写在书的空白处或者笔记里，也可以跟专业人士进行讨论。**这些都能从侧面检验我们的学习效果。

在阅读教材的过程中，我们会发现一些延伸的知识领域。这些内容在书中往往占有很小的篇幅甚至是被一带而过。**寻找这些延伸领域的教科书继续阅读，有助于我们建立更加完善的知识体系。**

专业文献的轻松读法

想要拓宽学术视野，获得严谨的专业知识，阅读专业文献是必不可少的。面对海量的文献，如何有选择地进行阅读，是初读文献的人需要解决的第一个问题。**首先是确定自己学习研究的领域，然后找到有关联性的文献来阅读。阅读文献的首要目的并不是立马识记知识点，而是了解信息。**因此，对于大部分文献采用速读的方式就可以了，只留取少量文献精读。

速读文献最重要的两项是留意发表时间和审阅摘要。一般情况下，除去经典文献，发表时间超过 5 年的可以忽略不看，因为它的参考价值已经不大。摘要是全文重要信息的概述，从中可以了解作者通过什么样的方法，解决了什么样的问题，得出了什么样的结论等。**阅读摘要可以帮助我们判断该文献是否有必要通读。**

通读全文有助于我们了解作者的研究思路，为自己的研究项目带来启发。而需要深入阅读的文献，最好是将其打印出来，这样便于我们直接做标记或批注，对重点、难点、疑点等内容进行反复的研究和琢磨。精读的过程离不开大量的分析与思考，将它们记录下来能够帮助我们深刻地理解文献，并且能够成为自己的研究资料。**无论是泛读还是精读，在阅读后都应当做一个小结，这也是验证阅读效果的一种方法。**

学术论文的轻松读法

学术论文的写作通常都是建立在参考文献的辅助基础上的。即使是高水平的学术论文，一般也不会从基本理论开始展开论述。也就是说，一篇学术论文中所阐述的新的信息其占比常常是较小的一部分。因此，阅读学术论文时感到吃力，往往是因为对参考文献中涉及的内容了解得不多。

想要轻松地阅读学术论文，则需要在平常加深对这个学术领域的信息的了解，多多阅读相关的参考资料与文献。即使每一篇都很难读懂也没有关系，在量的积累中我们会逐渐打通每一个障碍，实现从量变到质变，达到融会贯通的效果。

对于大多数论文，我们只需要了解作者的主要观点即可，至于观点的详细推导过程，在非必要的情况不需要逐字逐句研读。文中那些难懂的部分一般情况下也不需要百般求解，可以先记下来。有时候我们在一篇论文中未读懂的信息，可能在另外一篇论文中会有详细的阐述。**如果一个难懂的观点在不同的论文中出现了两三次，那么就有必要好好研读并解决这个难点。**

日常我们可以选择订阅几本高质量的学术期刊，养成定期浏览的习惯来提升阅读理解能力。在最初，即使读起来很吃力，也要坚持一次性读完。反复地研读开头的部分，并不能加深太多的理解，而且容易半途而废——因为感到枯燥而迟迟不再往下阅读。**而集中注意力一次性读完可以保持阅读的连贯性，有利于形成整体印象。如果想要加深理解，可以将全文反复阅读几次。**“书读百遍，其义自见”正是这个道理。

专业书籍的阅读也有方法可循

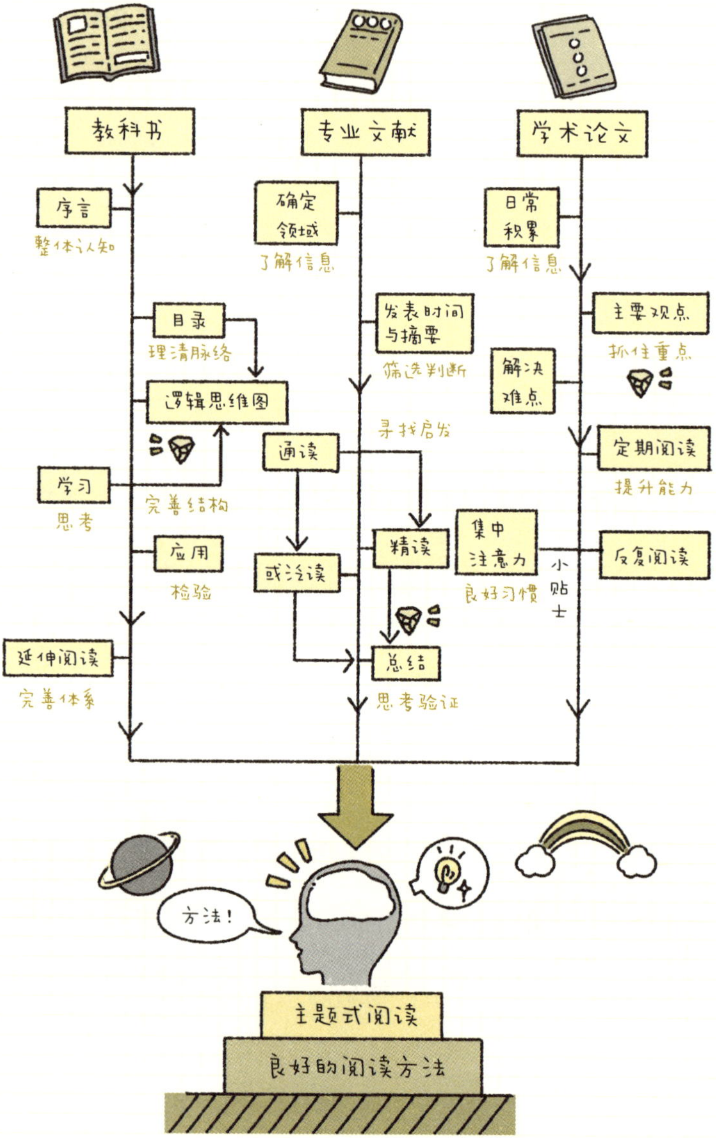

如何提高对专业书籍的理解度？

在大多数人的眼里，专业书籍意味着大量的专业知识和术语，读起来令你感到障碍重重。其实这种情况的产生有两方面原因：一是该领域的基础知识薄弱，一时间无法消化大量的信息；二是缺少正常的阅读专业书籍的方法，在面对信息时不能快速地抓住重点。如果能够解决这两个问题，枯燥难懂的问题也就迎刃而解了。

建立主题式阅读。在短时间内快速掌握某个领域的专业知识，最佳的方法是进行主题式阅读。不同于畅销书、文学书等大众读物，专业书籍都是以专业知识为背景的，任何一本书都无法将该领域内的所有知识都讲到、讲透，也无法完全地阐述清楚该领域与相关领域的关系。**采用主题式阅读的方式，可以使我们集中时间对某一个主题的专业知识进行研读，并且在不同的书籍间，将与主题相关的知识体系补充得越来越完善。**主题式阅读并不需要深入研究每一本，将经典著作作为精读内容，其他的作为泛读读物即可。

建立适宜的阅读方法。日常人们最推崇的阅读方法不一定适用于专业书籍。更进一步来说，同样是专业书，文学类的与科技的，中文的与外文的，阅读方式也会有很大的差别。**在阅读任何专业书籍之前，都应该确定自己的阅读目标，然后根据自己的目标来选择适宜的阅读方法。**阅读方法可以在结合本书介绍的信息处理方式上，再根据自己的尝试与摸索，总结出达到以下几点的方法：适合自己的生活作息与学习习惯的、能够明显消化知识且负担小的、阅读之后感到有效地提高了认识能力的。此外，阅读一本专业书籍后，抽出其中重点概念，向他人转述也是加强记忆的一个好方法。

职场小路灯

想要轻松地阅读专业书籍需要我们从两方面入手：增加阅读量和采用适合自己的阅读方法，这样才能够帮助自己消化理解知识、快速获取信息。这也需要我们在大量阅读的基础上去练习和总结。

TOPIC
2–6
职场第一课·
信息管理

电子书的有效阅读法

● 利用电子书的优点，找对方法有效阅读电子书。

QUESTION

我平时喜欢看电子书，感觉很方便。但最近我发现，虽然自己存储了不少的电子书，但真正有效阅读完的没几本。阅读电子书时我的精力容易被分散，做标记和书写心得时也不如在纸质书上那样顺手。怎样才能读好电子书呢？

ANSWER

电子书为我们的阅读带来诸多便利，如果能够善用这种方式，可以辅助我们在平日里随时随地培养阅读能力，锻炼阅读速度。阅读电子书的方法与传统纸质书在本质上并无大的差别，只是需要我们变换不同的工具和技巧来处理信息。

电子书的特点

随着互联网的发展，电子书受到了越来越多的读者的喜爱，这主要源于它有着很多传统纸质书不可比拟的优势。

将20本纸质书随身携带是一件非常费力的事情，但如果是电子书就可以轻而易举地做到。这是由于电子书可利用计算机高容量的存储介质，将图书内容以数字化信息的形式进行存储。常见的电子阅读器可以同时容纳几十甚至上百本书，相当于一个小型的移动图书馆。**这种便捷性既节省了书籍的存放空间，又满足了我们随时随地阅读的需求。**

同时，电子书的出现还大大节省了我们购书的时间成本。购买一本纸质书可能需要花费几小时去书店挑选，或者等待数天物流时间，而电子书直接在线下载购买即可。长时间放置的纸质书会积灰泛黄，甚至发霉腐烂，电子书则不必担心这些问题，也不会出现破损或残旧的情况，因此它比纸质书拥有更长的使用寿命。另外，由于不需要使用纸张，减少了树木的砍伐量，电子书可以称得上是环保书。此外，一般情况下，电子书的售价也要比纸质书便宜许多。

除了电子书自身属性上的优势，还有阅读体验上的优势。如今市面上主流的电子书阅读器都带有文字搜索功能和字典功能，可以在阅读的过程中轻松且精准地实现信息检索与处理，随时查询生僻字和翻译外文等。在电子书上还可以轻松标注然后一键导出，这极大地提高了我们信息处理的效率。

当然，电子书也有自身的局限性，无法很好地展示一些彩色图片。尽管电子书也能任意地翻页，但是不如纸质书来得便捷。阅读电子书不得不借助电子设备，电子设备过多的功能可能会对阅读造成一定的干扰。

如何用好电子书？

尽管多数人都有阅读电子书的经历，但是将电子书用好的却并不多。为了满足“阅读”的快感，再加上大量免费资源的吸引，很多人收集、存储电子书的热情远远超过了阅读本身。常常是一次性收藏数十本甚至上百本书在电子设备中，然后将其束之高阁。或者阅读时看着一本又惦记着看另外一本，于是每一本都随性而为地翻上几页。几番折腾下来，由于对翻阅的书失去了新鲜感或者记忆出现断层，导致兴趣大减，最终不了了之。同时阅读几本书的做法并非不可行，但如果不是资深阅读者，一次最好不要超过三本。**如果不能很好地控制自己对各种新书的好奇心，那么建议每次只购买一本，看完再寻找新书。**

过分沉迷于电子书的功能，也会让我们陷入本末倒置的境地。花费大量的精力以期能够透彻地明白电子设备每一个功能的玩法，阅读的过程中不断地关注与阅读无关的推送信息……这些都是舍本逐末的做法。阅读的目的在于获取信息为我所用，而这些功能只是辅助我们阅读的工具，常用的往往只有三到五个。**用好电子书并不是指用好电子设备，而是为了更有质量地阅读。利用电子书的便捷性，熟练掌握电子书的基本功能，集中注意力阅读正文内容，才是让电子书辅助我们培养阅读能力的有效方式。**

为了节省费用，放弃一分钟就可以购买到手的

找对方法，有效阅读电子书

低价正版资源，转而花费数小时搜集免费资源的做法并不可取。不仅仅是因为浪费了时间，并且免费的资源往往大多来自非正规的制作，这会导致书中出现错印、漏印、排版杂乱等问题。在阅读过程中，你可能需要花费更多时间去解决这些问题带来的阅读障碍、信息理解偏差等麻烦，最终得不偿失。

如何整理电子书的笔记？

写读书笔记是阅读过程中很重要的一步。好的笔记可以凝缩全书的精华和我们的所思所想，是将书读厚再读薄、让知识体系呈螺旋状上升的过程。虽然电子书不能像纸质书那样随意翻页、写画，但是如今的电子阅读器一般都带有做笔记的功能，比如对重要的信息做高亮标注，在线输入自己的心得等。

由于这些笔记存储在电子设备上不便于集中查看，所以阅读之后最好能够对这些笔记进行整理。可以借助一些工具将设备中的笔记导出，存储成电子文档或者打印出来；也可以采用截图或者拍照的方式，将这些笔记以图片的形式保存。很多软件还配有语音转文字的功能，我们可以将电子书中标注的内容逐一念出转换成文字笔记，这样，在回顾重要信息的同时就能轻松地完成笔记的整理工作。

职场小路灯

● 电子书与传统纸质书相比有很多优势，它为我们获取信息提供了更为便捷和高效的方式。用好电子设备不等于用好电子书，我们应当注意方法，避免本末倒置。在阅读电子书时仍然要重视做笔记的作用。

关于同时阅读多本书

做好阅读计划，在单位时间内提升阅读效率。

众所周知，增加读书量是提升个人综合能力、拓宽知识面的有效途径之一。然而单纯地提升阅读的速度并不能使读到的信息转化为自己的知识。其实，只要事先做好合理的安排，可以同时阅读多本书；通过掌握正确的阅读方法，在达到一定速度的同时又能保证阅读的质量。

同时阅读多本书有哪些好处？

同时阅读多本书可以促使我们合理安排时间，提升阅读速度，在时间消耗上带来“1+1<2”的效果。小米最近打算阅读《消费心理学》和《傲慢与偏见》这两本书，前一本是与工作相关的专业书，而后一本

则是休闲读物。假设每本书小米都需要一个月的时间才能读完，那么，如果读完一本再读下一本，小米要用两个月才能全部读完。但是如果合理安排时间、同时阅读两本书，也许一个多月的时间就都读完了。当然，这需要小米提前做好安排，比如每天晚上用一到两个小时攻读专业书，用白天的碎片时间来阅读小说。

同时阅读多本书，还可以帮助我们提升阅读效率。在阅读专业性较强的书籍时，由于大脑长期处于高度紧张运转的状态，很容易疲劳。这个时候如果换一本轻松的读物，可以让这种状态得到放松，大脑也能得到适当的休息。此外，很多时候我们的阅读是跟着作者的文字与思路在走，一口气走过了的部分很少会再回过头去看一看。而在同时阅读多本书的情况中，每一次拿起不同的书开始阅读前，都需要回忆一下之前阅读过的内容才能更好地保持阅读的连贯性。因此，**同时阅读多本书有助于我们对已读的内容进行回顾，加深印象和理解**。

至于我们应当同时阅读几本书，这并没有统一标准，完全依据我们的作息习惯和阅读能力而定。如果是初次尝试，建议先从两到三本书开始。

开始尝试同时阅读多本书

无论是在书店选纸质书，还是在网络上挑电子书，我们平时都应当有意识地锻炼自己择书的眼力。留意自己需要巩固的专业领域、中意的写作类型、优秀的作者甚至是出版社，会让我们更容易找到有价值又适合自己的书，从而减少无谓的时间浪费。同时阅读的书最好是来自不同的领域或类型，这样既可以转换阅读的心情、减轻阅读的压力，也可以避免信息的混淆。

尝试同时阅读多本书，我们可以从不同的分类入手，每次一个类别只读一本书。适合职场人士日常阅读的书，可以简单地分为：专业类、技能类、拓展类和休闲类。

这里专业类书籍仅指与自己本职工作相关的含有

大量理论知识的书。这类书籍需要我们深入阅读并做详细的笔记，最好是阅读纸质书。

阅读技能类的书，类似于阅读产品的说明书，看后就能马上上手操作。它可能与我们的工作直接相关，也可能间接相关。这类书应当重点看书中介绍的实操方法。

拓展类的书是指与我们工作无明显联系的，但可用以拓展知识面的书，一般采用通读的方式了解作者的主要观点即可。

休闲类的书形式多样，多是用于身心放松，可以起到缓解压力的作用。

除了选择合适的书以外，合理地安排阅读场所和时间也很重要。假设乘坐地铁时阅读大部头的专业书，常人就很难做到高效阅读。

对于专业类的书，最好是能够安排一到两个小时的固定时间来阅读，选择头脑清醒、思维活跃的时候最佳。因为专业的书需要更多的脑力去思考，这需要我们保持专注力。

技能类和拓展类的书，可以安排在任意我们想要阅读的时间。

休闲读物，更适合在睡前或者用碎片化的时间来阅读。

我们也可以在不同的地点放不同的书。在办公室里放与工作相关的技能书，在家里放文学读物，随身

阅读多本书的关键：划分信息，合理安排

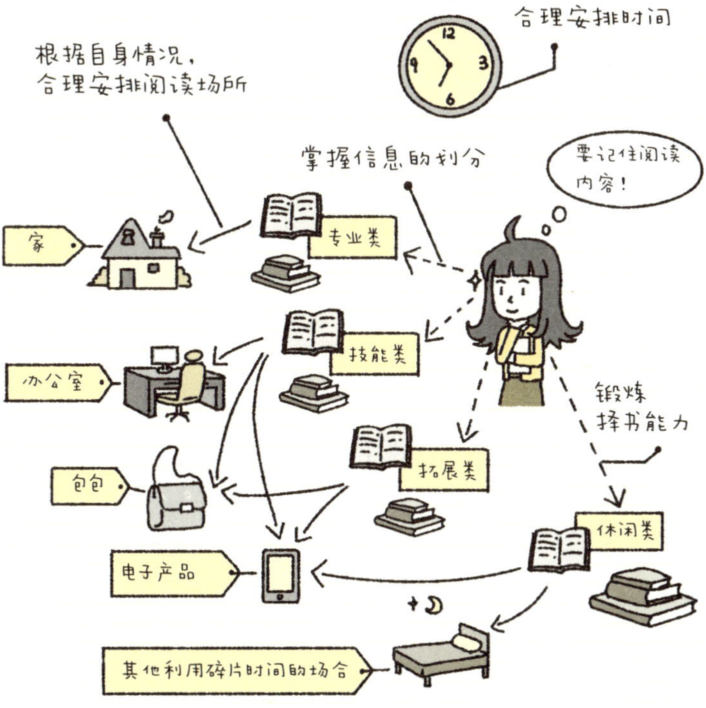

携带的包里则放电子书；在乘车或是长时间步行时，还可以听一些有声书。这些方法都能最大化地利用阅读的时间与空间。

怎样同时读好多本书？

能够同时阅读多本书的人不一定能够同时读好多本书。无论是一本一本地读，还是多本交叉读，我们都应当注重阅读的质量。

在阅读之前明确自己速读的前提是“记住内容”。不能记住内容的速读是没有意义的，不如不读。因此在每读完一个篇章，或者在不同的时间段拿起不同的书时，我们可以认真回顾一下此前看过的这本书的重点内容与知识点。

无论是哪种类型的书，书中的信息都可以大致分为三类：要点、解释和辅助说明。要点是文中最重要的信息；解释是对要点的阐述，是次重要信息；而辅助说明则起到信息补充的作用，一般不会影响对全书的理解。即使是小说，我们也可以进行这样简单的划分，要点是关键情节，解释是情节发展的过程，辅助说明是人物、心理、环境的描写等。要点越多，信息的密度就越大，我们需要花费的时间和精力也就越多。不过，信息的划分并不是固定不变的，它与我们的需求有关。对于一本只打算通读了解其大意的专业书，尽管实际上的信息密度很大，我们在阅读时也可以把它看得很简要。**掌握信息的划分有助于我们更好地分配阅读的精力和时间。**对于信息密度大的书，我们给予更多的分配，而信息密度小的书则可以安排在零散的时间里阅读。

PRACTICE STARTS
课后作业

基本

速读的前提是有效阅读。合理安排阅读的书目、场所和时间，可以在单位时间内提升阅读效率。

活用

选择两本或三本不同类型的书，尝试分别在不同的时间和地点阅读，并记住阅读的内容。

百忙之中，也不要忘了阅读！

工作太忙，回家只想躺着……且慢，除了给身体充电，别忘了也要给大脑充电。掌握方法让大脑接收新信息，思维才会更加活跃！培养聪明的阅读习惯，为你的工作锦上添花。

培养你精准高效的信息管理能力

- [ ] 第1章 信息理解：必要的逻辑思维能力是基础
- [ ] 第2章 信息接收：可以带来产能的高效阅读方法
- [x] 第3章 信息转化：让智慧阅读真正有益于工作
- [ ] 第4章 信息输出：准确接收、传递和评论信息的关键
- [ ] 第5章 信息搜集：充分利用纸质笔记本
- [ ] 第6章 信息管理小测试 Ready? Go!

第3章

信息转化：让智慧阅读真正有益于工作

TOPIC

3–1

职场第一课·信息管理

提升职场竞争力的阅读法则

● 掌握适用于职场人士的阅读方法，构建完善的思维体系。

QUESTION

自进入公司以来，我的岗位技能考评成绩一直都是前三名，然而最近上级在挑选新组长时并没有考虑我。平时我也在向身边优秀的同事学习他们的工作方法，但感觉总是处于模仿状态难以超越。怎样学习才能提升自己的职场竞争力呢？

ANSWER

公司提拔员工会从多方面考虑，并不是技能考评成绩好就可以升职。学习他人的工作方法，只能解决已知的问题，在遇到新问题时就会不知如何着手。想要让自己具有强有力的优势，则需要大量的学习与积累，构建自己的思维体系。

职场人士为什么要多读书？

通过学习成功者的工作方法来提高自己的工作

能力和效率，在短时间内或许会有不错的成效。但是时间一长，你就会发现收益越来越小。这是为什么？因为这种单纯的模仿行为并不能转化为我们自身的能力。**成功者的言行只是我们看到的表象，支撑其言行的是他独特的思维体系。**也就是说我们只能看到别人这样做，却不懂为什么他会选择这样做。

建立完善的思维体系是提升自己职场核心竞争力的有力方式。很多职场人士在工作三五年以后，常常感觉力不从心，发现过去的经验已经不足以支撑未来的职场之路，这就是因为自身欠缺良好的、能够有效解决问题的思维体系。**建立个人思维体系的方法之一就是阅读。**我们可以通过读书获取知识来构建和丰富自己的思维框架，通过学习和积累经验来提升和完善自己的思维体系，从而提高我们的职场竞争力。

职场人士应该读哪些书？

阅读书籍大概是职场人士最划算的投资，得到的回报是长期的高收益。仅仅花费几十上百元，往往就能获得他人多年甚至是一生的思考与实践成果。

职场的不同阶段对能力的需求是不同的。因此职场新人与老手、普通员工与管理层阅读的书目应当有所差别。**我们不妨先给自己做一个简单的职业规划，规划自己一年、三年、五年以后在职场上处于什么样的位置，然后依据这份规划列出每一个阶段所需要具备的能力。最后再根据能力的需求做读书计划，列出将要阅读的书单。**

如今的社会越来越重视“T”字型人才。字母“T”代表着他们的知识结构特点：“一”是知识的广度，“|”是知识的深度。“T”字型人才是一种复合型人才，在职场中更有竞争优势。**从读书的角度而言，成为“T”字型人才需要我们在纵向上加深工作领域的专业度，在横向上扩展知识面。**

毫无疑问，**专业书、技能书是职场人士的必读书籍，它们是我们应对工作的前提与基础。**任何一家公司，无论经营什么样的项目，都需要参与商业运作。阅读商业书籍有利于我们从市场的角度来分析问题、解决问题。如果计划做到管理岗位，那么管理类的书籍是必不可少的。学习管理知识不仅有助于管理工作的开展，还能让我们站在管理者的角度去思考问题，而这正是企业需要的。**除去上述纵向阅读的书目，其他任何我们感兴趣的内容都可以作为横向阅读的书目。广泛的阅读既能开拓我们的眼界，又能为我们的工作提供帮助。**例如，通过阅读史书可以了解历史发展规律；阅读心理学方面的书可以了解消费者的行为等。

职场人士应当怎样读书？

读书是一种投资行为，它的最大成本就是时间。因此，节约成本获得高收益的最佳方式，就是在保证阅读质量的前提下提升读书的数量。这需要我们将精读与泛读同时进行。**在“T”字模型里，列于“—”上的书单泛读即可，而列于“|”上的需要我们精读。**对于需要精读的书单，最好采用主题阅读的方式进行。每次设定一个主题，然后找到该领域的经典书目

阅读能够构建良好思维体系，提升职场竞争力

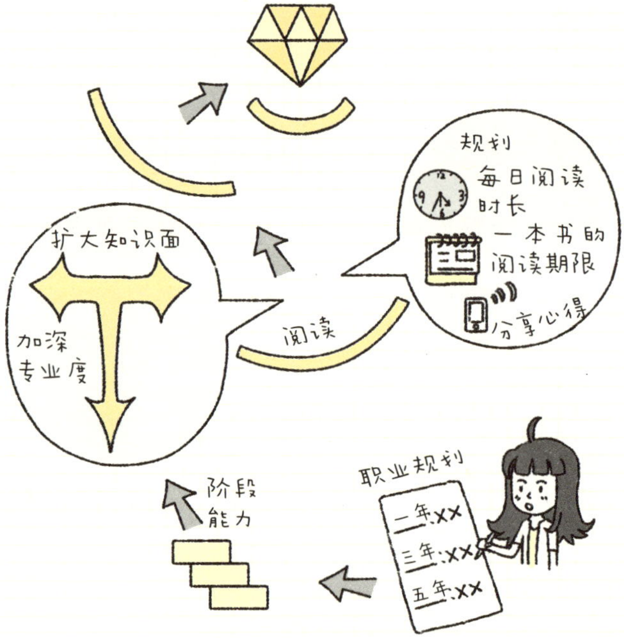

来阅读。这有助于我们聚焦并深入思考，并且不同的书籍可以互为辩证、互为补充，对建立某一领域的完整知识体系益处多多。

空有一颗想要读书的心并不能带来知识，只有长期的行动才能让我们受益。**想重拾阅读的人应该先从培养良好的习惯开始。**常有职场人抱怨工作繁忙没有时间读书，其实他们的问题应该是不善于规划时间读书。小米计划在一个月之内读完一本 300 页的书，平均一天只需读 10 页。若是泛读类，每天 15~30 分钟足矣；若是精读类，60~90 分钟也能完成。而现实情况是人们沉溺碎片信息所消耗的时间已经超出数倍。**所以，在阅读之前合理地规划时间，设定每日的阅读时长和阅读一本书的期限，比抱怨工作繁忙更有意义。**

此外，有助于职场人士有效读书的阅读法则还有以下几条：

在读书的时候为了避免分心，最好寻找一个安静的地方并关掉网络。人只有在静心且专注的时候，做事才能高效。

随身携带纸笔也是良好的习惯。随时记录下阅读中的心得，正是消化吸收知识的过程。

值得一提的是，**对于那些令自己受益匪浅的书，一本多读好过多本一读。**

将从书中获得的经验与心得应用到实际工作中去，有助于我们将别人的知识转化为自己的知识。

如果能够经常将学到的知识在公司内部甚至是行业圈里做分享，那么势必也会增强个人在职场中的影响力。

职场小路灯

● 提升职场竞争力需要我们能动地建立自己的思维体系。阅读好书就能帮助我们。与自己工作相关的领域精读，无关的领域泛读，有利于我们增强专业性和扩展知识面。职场人士在读好书的同时还要学会如何读书。

TOPIC 3–2
职场第一课·信息管理

职场人的纵向阅读：商业书的阅读原则

- 找对方向与方法去阅读商业书籍，巩固职场基本功。

QUESTION

作为一名业务员，我意识到了学习商业类知识的重要性，但我需要阅读诸如经济、财务、经营等所有方面的图书吗？商业书涵盖的范围很广，其难度也有差异，职场人士怎样做才能保证找对方向、有效阅读呢？

ANSWER

商业书之所以受到职场人士的关注与热捧，是因为它们所涉及的知识与我们的工作息息相关并具有启发性。这类书虽然品类繁多，但并不是每一本都需要我们深入阅读。掌握一些阅读商业书的基本原则，可以提高我们的阅读质量与效率，并将所学为工作所用。

职场人士为什么要读商业书？

商业从来不是经济学者、营销专家、企业总裁等意见领袖们的独家话题，因为我们的生活中无处不存在着商业，同时我们每天的生活与工作也需要频繁地接触商业活动。尽管不同的职场人士所从事的行业与岗位会存在很大的差别，但是他们都有一个非常明确的共同点，那就是维系并离不开公司的商业运作。因此，**懂得一些基本的商业常识，能够让我们更好地理解市场的变化、消费者的行为及公司的决策。**

人们获取知识的途径主要来自两个方面：一个是自我摸索，一个是他人传授。在职场如战场的境况下，自己花费大量的时间去研究某个问题的答案，显然没有直接向已经有相关经验且取得显著成效的人请教明智。不用担心缺乏智者与贤者指点迷津，阅读一本经典的商业著作就如同与大师面对面交流，一样可以为解决工作上的困境找到方向。那些经久不衰的商业书，凝聚了作者数年甚至是一生的研究与心得，被人们反复推荐及阅读也从侧面印证了它们的分量。将这些商业知识应用到日常的工作中，不仅能为我们提供理论依据和操作指导，使我们避免误入歧途，还能为我们在激烈的市场竞争中赢得宝贵的时间，让我们的工作更加高效和富有成果。

通过阅读大量的商业书，我们就能够在耳濡目染中提升自己对本职工作及所在行业的灵敏度。这有利于我们清晰地规划自己的职场之路，逐步成为职场中的佼佼者和他人眼中的成功人士。

巩固职场基本功的商业书阅读法

阅读商业书籍的基本原则

● **循序渐进地有序阅读。**不同于休闲类书籍的独立性和感性思维，商业书是在理论知识的基础上展开论述的。因此，**阅读商业书最好是能够循序渐进地有序阅读，如同金字塔一样，先从底层的基础读物读起**。而且，目前大部分的理论都是在前人的理论基础上发展而来的，有了基础理论知识以后再往更高层次阅读，学习起来会更加轻松、有逻辑。基础读物可以从早期的经典著作看起，如菲利普·科特勒的《营销管理》、杰克·特劳特的《定位》、史蒂芬·柯维的《高效能人士的7个习惯》等。

- **独立思考不盲从**。无论是在各大书店、网络平台还是社交媒体，我们时常会看到诸多的商业书籍推荐。**这些书可以简单地划分为两类，一类是经典之作，为某个研究领域奠定了基础；一类是新近出版，为当下的热点提供解析**。无论是哪一种，再热销的商业书都不等于权威书。经典之作常常具有年代的局限性，部分理论很有可能已经无法为当下所用；而最新出版的书籍，其理论往往还有待时间的检验。**在阅读的过程中保持一定的怀疑精神，不断地与作者的观点进行碰撞，这种做法可以激发并引导我们向更深层次的思考进发。**而如果盲目地将作者的理论应用到工作当中，毫无效果或者事与愿违的现象就有可能发生。

- **辩证地看待过程与结果。**在商业类书籍中作者通常会列举大量的案例来证明自己的观点。如果盲目地将案例与观点建立起必然的因果联系，就会出现思考不够全面的问题。同样，这样的认知也无法从本质上改进我们的工作。

在小洋阅读的某本商业书籍中，作者以日化用品A公司为例阐述了多品牌战略为该公司创造了巨大的商业价值。因此，小洋认为一个公司应当发展多个品牌，从多个渠道去创造收益。而实际上，A公司的成功来自多个方面的努力，多品牌战略与当时所处年代的时机也息息相关。如今A公司虽然仍拥有海量的品牌，但是也在不断地缩减一些并不能创收或收益甚微的品牌。

任何一个结论都有它的前提条件，但无论是前提条件还是结论都并不一定是唯一的。“前提”可能是多方面的，“条件”也会有主次之分，而结论也可能存在正负两方。**在阅读某些观点时，辩证地看待过程与结果，并将重点放在作者为什么会得出这样的结论上，如此来培养我们的分析力和洞察力。**这种能力对于工作的影响非常长远。

- **用 80% 的精力阅读 20% 的书。**在一组东西中，最重要的部分往往只占到 20% 左右，其余的 80% 尽管是多数，却是次要的。这个“二八定律”也可以运用在阅读商业书上。洋洋洒洒写了几百页的书，其核心的观点通常只有少量的篇幅，大概占全书的 20%，余下的 80% 都是用来解释和论证的。

身在职场，时间和精力都是有限的。如同工作需要优先解决重要紧急事物一样，阅读也应该有侧重点。**将自己 80% 的精力放在书中 20% 的精华上，是**

智慧阅读的一种方式。商业书中难免会出现自己难以消化理解的内容，如果它属于 80% 的那一部分，那么先跳过去不读也未尝不可。**另外，还可以从目录中直接挑选适合自己的内容优先阅读，这也是提升阅读效率的好方法。**

职场小路灯

● 相较于其他类型的书籍，商业书为我们的工作提供了更加直接的帮助。商业书覆盖面广、种类繁多，因此我们应当集中主要精力循序渐进地阅读，同时保持思考力、分析力和洞察力，如此会给我们的工作带来更长远的正向影响。

TOPIC

3–3

职场第一课·信息管理

职场人的横向阅读：兴趣书的阅读原则

● 阅读感兴趣的书，成就独一无二的自己。

QUESTION

经典的商业著作很容易查找，但我在兴趣阅读方面遇到了困难：兴趣涉及的范围太广不知从何读起，根据他人推荐的书单来阅读却总是半途而废。此外，为什么说兴趣书也能提升个人的职场竞争力？怎样才能发掘自己的阅读兴趣呢？

ANSWER

在职场中和他人说相同的话做相同的事，是很难表现出自身的优势的。开展广泛的兴趣阅读可以让我们拥有与众不同的思考方式和知识领域，成为团队的稀缺资源。他人的推荐书单并不一定是我们的兴趣所在，要善于挖掘适合自己阅读的书目。

职场人士为什么要读兴趣书？

我们时常仰慕行业里的某位精英博学多识，却总是忽视对方博学多识的原因。在成长的路上，人们一般通过三种方式来增长见识：他人传授、自身经历和博览群书。职场不同于学校，遇见一位愿意倾囊相授的高人非常不易。而通过自己的不断尝试去寻找那个最终的正确答案，虽然可行却要付出不少时间代价，这在分秒必争的职场很不适宜。博览群书应该是获取大量信息最便捷实用的方式。

尽管阅读商业书可以武装我们的头脑，让我们基于专业的知识做出理性的判断和决策，使我们在职场拥有立足的根本，然而这些经典的管理方法、营销理论、工作技巧等，在职场精英的不断推广下正变得日益普及，它们已经成为职场人士必备的知识素养。因此，**我们想要展现出与众不同的素质，就应当接收一些与他人不同的信息。根据自己的兴趣爱好广泛阅读就是很好的方法。**

在职场上光彩四溢的人，不仅仅拥有超强的工作能力，一定还有独特的人格魅力。**广泛地阅读各类书籍，能够帮助我们丰富精神世界，提高审美情趣，看**

清诸多现象背后的本质，从而与这个世界更加友好地相处。这些都会在无形当中增加我们的个人魅力，成为我们在职场中独一无二的竞争优势。

提升职场竞争力的兴趣书阅读法

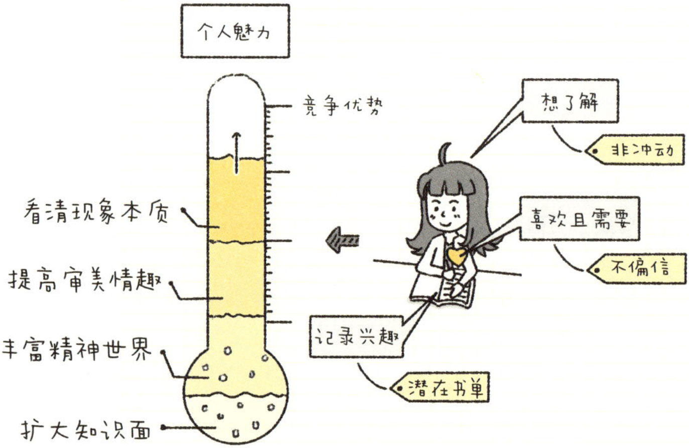

兴趣书的阅读原则

- **阅读的起因是兴趣而非冲动。**每一位职场人士都有自己的梦想，因此成功人士总是被大家视为学习的榜样，最典型的表现之一就是成功人士阅读过的书往往会引起阅读狂潮。然而，怀着极大的热情去购买这类书籍，在仅仅看过一两章后就丧失兴致的现象时有发生。这个问题的出现，很多时候并不是因为书的内容不好，而是我们盲目跟风的心理在作祟："成功人士读过的书，一定也是自己需要的高端知识。"这种"兴趣"很多时候其实并不是出自我们的内在需要，而只是我们一时的冲动罢了。

一个人真正的兴趣，应当是源于渴望了解某件事情的来龙去脉，也就是解决问题的过程，而不是只对最终的结果感到好奇。对于自己没有真正兴趣的书籍，是很难坚持阅读下去的。即使是勉为其难地阅读，如果没有明确的目标，不能做到从中发现兴趣所在，那么阅读后的效果也会大打折扣。因此，博览群书要为真正的兴趣去阅读，而不是冲动。

- **选择自己喜欢的、需要的书而非一味依赖榜单。**即使是长期位于榜单首位的书，也不一定适合所有的人阅读。**我们需要牢记一个事实：阅读是为了满足自己的需求。**他人推荐的书单在其自身领域有可能确实是佳作，但未必就是适合自己的书。因此，对于他人认为一定要去看的书，如果自己实在没有兴趣，就没有必要勉强自己去阅读。

另外，我们还需要明白的一点是，互联网在加速信息传递的同时，也干扰了信息的传递。我们阅读到的信息并非总是原始信息，传递的过程中可能会被多次有意或无意地修改。这不排除人们为了满足自己的利益或需求而刻意变更。因此，**不需要偏信大众书单或走红的书。挖掘自己内心真正想知道、乐于了解的领域，读自己想读的书。**而只有当我们真正地投入到阅读当中去时，才会理解什么是求知若渴。

- **随时记录自己感兴趣的方面。在选书这件事上，我们应当遵从自己的内心，减少外界的干扰，锻炼自己对自身兴趣爱好、所需信息的洞察能力。**不断发掘自己兴趣所在的过程，正是不断寻找并选择信息的潜在过程。那么，怎样才能不断地发掘自己的兴趣呢？

我们在阅读时常有的一个体验是，书中讲到的某个内容引起了我们极大的兴趣，但其仅仅是被提及而已，并不能满足我们的求知欲。或者，日常中有什么现象引发了我们的兴趣，但是一时半会儿又弄不明白其中的原理。那么，**随手将这些引发我们好奇心的内容记录下来，它们将成为我们今后阅读时选书的方向。**

作为职场人，在工作中难免会遇到各种各样的问题。寻找这些问题的解决方法，其实也是我们选书的参考过程。在职场中，拥有博学的知识会被人们称赞为“见识广博”，而只有能够用博学的知识解决工作中的实际问题，才会被大家视为真正的强者。

养成随手记录的习惯后我们就会发现，自己的阅读计划里从来不缺少书单。

职场小路灯

● 广泛地阅读能够增加我们的个人魅力进而形成我们的竞争优势。博览群书要找到自己真正的兴趣所在与内在所需。随时记录下自己感兴趣的内容或是遇到的问题，有助于我们更精准地找到自己所喜、所需的书。

TOPIC

3–4

职场第一课·信息管理

忙碌的职场人如何轻松阅读

● 工作之余为自己规划阅读的时间与空间，享受阅读，投资未来。

QUESTION

在了解了各种各样的阅读方法以后，现在每次读书都有了方向。但我还有个大问题：平时的工作节奏很快，即使是拿起一本书也很难静下心来阅读。怎样才能够在忙碌的职场中做到轻松阅读呢？

ANSWER

读书时不能静心，就不能真正地进入有效阅读的状态。表面上是在看书，但思维活动还停留在其他的地方。忙碌的职场人想要轻松地阅读，最好是能够规划出特定的时间和空间，不受其他事物的干扰，只做阅读这一件事。

时间规划：留出一到两个小时给自己

职场似乎总是有忙不完的工作，以致很多职场人士在平日里几乎失去了个人的时间，阅读更是无从谈起。反观一些成功人士，每天行程满满，阅读这件事却是从来没有落下过。同样的24小时，同是忙碌的职场人，为什么会有截然不同的结果呢？原来，我们掉入了时间的陷阱。

英国历史学家莫科特·帕金森认为："只要还有时间，工作就会不断扩展，直到用完所有的时间。"也就是说，如果你预留了一天的时间来完成一件事，那么原本只需要几个小时完成的工作很有可能就会占满你一天的时间。我们之所以没有时间去阅读，很可能就是因为我们允许工作肆意地占满自己所有的时间。导致这个问题出现的最根本原因在于我们缺少"时间有价"的认识。

时间是看不见摸不着的，它的价值体现在产出上，同样的时间内产出越大其价值就越大。所以，我们时常看见越是成功的人士越是珍惜时间，每时每刻都在努力创造价值。他们常年保持着阅读的习惯，预留出阅读的时间是在为未来创造价值。

作为职场人，我们应当将工作时间与非工作时间有意识地进行分割。常有人在下班后感觉异常疲惫，甚至对次日上班产生抗拒的情绪，这其中就有不能在“上班中”与“下班后”之间灵活切换身心状态的原因。将工作时的思考、焦虑、压力、情绪等带入个人时间，大脑与身体长期处于紧绷状态，自然也就无心阅读了。

每天争取留出一到两个小时的时间给自己静心阅读，不做其他事。这样的时间规划对于分秒必争的职场人来说也许显得奢侈，但其实是一笔合算的时间与知识的交易。在阅读的过程中我们能够找到更好的方法，提升工作质量与效率，还能为未来的职场之路铺好基石。

空间规划：让书架上的书流动起来

拥有一个属于自己的书架是一件让每个读书人都会觉得“富足”的事情，然而书架上堆积得越来越多的书有时候也会成为一种“甜蜜”的负担。曾经看过的与没看过的、喜欢的和不喜欢的书都随意地摆放在一起，使得每一次选书或者找书都大费周章，从而造成了不必要的时间浪费。

书架是书籍的安身之处却不是最终的归宿。与其让大量的书占用着空间且不断地泛黄吃灰，不如让它们流动起来，更好地为自己所用。**从几十上百本书中快速找到自己想要的书，最佳的方式就是将书进行分类归置。**对于书架上每一层放置哪一类书，我们应当有自己的想法。将商业书与兴趣书分层陈列，将想要反复阅读的书放在最顺手的位置，将已经读完的书和正在阅读的书分开摆放……这都有助于我们节省找书的时间，提高做事与读书的效率。

如果正在阅读的书已经堆积成山，不妨为自己设定一个同时阅读的数量。每本书都翻上几页然后堆积在案，看起来似乎都有一定的进度，但其实这样的做法并不利于阅读计划的推进。压在下方的书被翻阅的次数往往只会越来越少，直到被遗忘。如上一章所言，建议先从两到三本开始练习同时阅读。饭要一口一口地吃，书也需要一本一本地消化。**将选好的书分放在不同的地方，比如办公室、随身包袋、床头等，余下的则放回到书架上。合理的空间布局有利于营造轻松的阅读氛围。**

对于那些多年从未翻动过的书，或者不再感兴趣的书，最好从书架上撤下并转给需要它们的人。当书架上留有空位，不断地有新书流动进来时，才能为我们带来新的信息并刺激思考，为工作注入新的能量。

阅读规划：逛书店

在职场上我们做每一项工作都有明确的目标，并且为了完成任务而拼尽全力。如果在读书时也抱着“完成任务”的心态，自然也就无法轻松阅读。**我们可以为自己安排一个逛书店的计划，每周去一次或者每月去两次，完全依据自己的节奏来；无须设定坚定不移的目标，也不必抱有强烈执着的目的性；自在随性地翻书，让我们的身心得到放松，从而进入一个良好的享受阅读的状态。**

在书店里悬挂着许多分类牌，提示着我们该区域书籍的类型。**逛“书”时我们则不必严格遵循“阅读什么类型的书就采用什么样的思维方式”，而可以从另外一些角度去轻松阅读与处理信息。**把小说当作策划书来看，研究作者如何设定人物形象、策划情节和推动故事进程；把名人传记当作历史书来看，琢磨每一个重大事件背后，有什么客观的历史原因在影响；把汽车画册当作设计书看，从中体会工业设计的美感……仅仅是换了一个角度，我们就可以看到不同的世界，这也是愉悦身心的一种方式。

切换一下关注的领域，可以让自己的思想仿佛呼吸到新空气，所以我们不妨也去逛一逛书店里那些平日自己很少涉足的区域。建筑类的书讲的并不都是钢筋混凝土，美食类的书也并非只有菜谱，医学类的书也可以变得通俗易懂……我们不是一出生就确定了自己感兴趣的方向，而是只有在接触过相关事物后才会产生感触。而且兴趣不是一成不变的，曾经感兴趣的东西现在可能你已渐失兴趣，过去自己完全不感兴趣的现在可能对其兴趣浓厚。在书店里带着邂逅佳人的心情“逛”书，能够让我们发现更多未曾留意过的“宝地”，为阅读带来更多的趣味，为思想带来更多的启发。

合理安排时间、空间、计划，职场人也能享受阅读

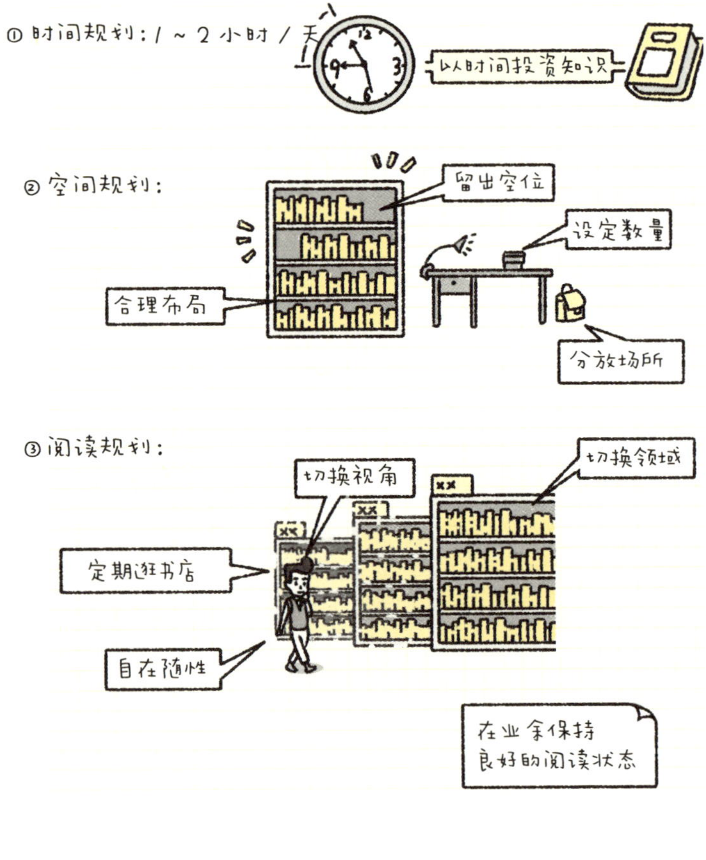

职场小路灯

● 专注工作固然重要，但在工作之余我们也应适当地安排好属于自己的私人时间。为自己预留固定的读书时间，合理摆放和处置书架上的书，去书店“逛”书、“偶遇”书，都有助于我们保持一个良好的阅读状态，为以知识投资未来做准备。

培养逻辑能力，高效处理信息。

将阅读获取的信息转化为职场竞争力

从信息中获取知识，在工作中找到端口将知识付诸实践。

● 很多职场人在度过了新手期以后有过这样的感慨：参加工作几个月所学到的东西远比在学校几年学到的要多。而且，这些在实践中学到的知识让人印象深刻，不像在学校里所学的书本知识，早已被自己遗忘到九霄云外。于是，有些人发出了“读书无用”的声音。事实真的是这样吗？

读了很多书，为什么“没有用”？

我们在校期间从教科书上接收了大量的信息，其中有价值的部分即是知识。我们通过一次次的考试也证明这些知识已经被自己消化吸收，然而这些理应已经掌握的知识，却随着时间渐渐被遗忘殆尽。没有及时地巩固虽是原因之一但不是最主要的，主因在于我们没有大量地应用这些知识。很常见的例子是：在大学期间通过了英语四、六级考试，但如果工作中没有涉及英语，业余时间也没有刻意接触英语，那么一段时间以后很多单词、语法在记忆里就会变得模糊不清。而在工作中我们对学到的知识之所以印象深刻，正是因为我们学了就去应用，并且是反复地应用，使其最终转化为了自己的一种能力。可见，阅读再多的信息，记忆再多的知识，如果不能将其应用到我们实际的工作或生活当中，就会变成“无用功”。

> 仅在字母、文字和书页中浏览一番，这不是读书，阅览和死记也不是读书。读书要有感受，要有审美感，对他人的金玉良言，要能融会贯通，并使之付诸实现。
>
> ——巴金

阅读虽然可以学习知识，但是只有将知识付诸实践行动中才能将知识转化为自己的能力。熟读甚至能够背诵一本书并不重要，重要的是我们能够从书中获得什么，又如何将其应用且发挥出最大的作用与价值。

如何将知识活用并转化为职场竞争力？

将读到的知识转化为自身的能力需要经过“阅读、吸收、行动”这三个步骤。书籍是获取知识的工具，我们应当合理利用它而非机械地阅读、背诵。

1. 阅读

不必将每一本书都从头读到尾，带着自己的目的去寻找答案即可，这是“阅读”的核心。

2. 吸收

吸收的过程包括了记忆和理解。读书笔记的作用是画出重点、梳理逻辑，它可以将一本书去繁就简，有助于我们记忆；而理解一本书最好的方式是与他人讨论和分享读到的信息。在这个分享的过程中，我们自然也就能将书本中的知识进行二次选择与处理，并转化为自己的知识。分享得越清楚明白，对信息的理解也就越透彻。

3. 行动

将知识转化为能力的最后一步也是最关键的一步，即行动。菜谱可以让我们知道一道美食的选材用料和烹饪程序，但是做出美味佳肴靠的是一次次的行动与尝试。我们在职场上也是如此，学习了很多专业知识或是工作方法，如果不加以实践而仍是采用原来

从信息中汲取知识，设立目标付诸行动

的方式工作，那么工作的效果显然不会得到改善。

然而，即使是明白了要将知识转化为行动的道理，许多职场人还是难以迈出行动的步伐——因为行动意味着改变。

在我们每个人的心里，都有一个舒适区。在舒适区我们感觉到放松、稳定，能够掌控大部分的情况，很有安全感。而一旦走出这个舒适区域，我们就会感到别扭、不舒服，或者是不习惯。**行动就是一个走出舒适区的过程，因为由知识带来的行动是一次身心体验上的革新**。在这个过程中我们会觉得缺乏熟悉感，且可能遭遇阻力。这会让我们感到有些不适，于是相较起来我们更喜欢待在舒适的区域，因此就出现了知识停留在记忆层面，从未付诸实践的情况。反映到职场上，就是“光说不做”“纸上谈兵”“眼高手低”等一系列问题。

行动不是毫无目的地去实施，而是要为工作或生活解决具体的问题，并且达到一定的正面效果。因此，我们要为自己的行动设立明确的目标。这个目标应当内容具体不抽象，符合实际且具有可行性；同时我们也要保证能够在一定期限内对这个目标进行有效考量。

目标与现状之间一定是存在差距的，否则就不能称之为目标。怎样做才能缩小它们之间的距离呢？**我们需要为目标列出具体的行动方案，并将其细化到我们的日常计划当中，每日按计划去行动。当我们获得了对自己有用的信息与知识，我们要在日常工作中找到可以与其对接的端口，根据实际状况灵活运用知识，或与其他信息组合运用，在实践中产生新的智慧。**长此以往，不断积累，我们的职场能力就会得到大幅提升。

PRACTICE STARTS

课后作业

基本 明确阅读并非是“无用功”。获取了书面知识并不等于自身就具备了能力。及时与他人分享自己的阅读成果。

活用 尝试将自己最新读到和学到的知识应用到工作与生活当中，并记录下反复实践的过程与心得。

你输出的信息是否精炼、准确地抵达了他人之心？

生活在人类社会，与他人不可能永远没有交流。信息在接收并经过你的大脑处理之后，如何有效地输出传达给他人呢？无论口述还是评论，掌握有条理的信息输出法，让听众对你刮目相看吧！

培养你精准高效的信息管理能力

- ☐ 第1章 信息理解：必要的逻辑思维能力是基础
- ☐ 第2章 信息接收：可以带来产能的高效阅读方法
- ☐ 第3章 信息转化：让智慧阅读真正有益于工作
- ☑ 第4章 信息输出：准确接收、传递和评论信息的关键
- ☐ 第5章 信息搜集：充分利用纸质笔记本
- ☐ 第6章 信息管理小测试 Ready? Go!

第4章

信息输出：准确接收、传递和评论信息的关键

TOPIC

4–1

职场第一课·信息管理

信息为什么会失真

● 留意信息传输过程中潜伏的逻辑陷阱。

QUESTION

前几天看了一些读者针对某本书的书评，有一个现象令我十分不解。在回顾书中的同一情节时，大家记录与分析的内容都是不尽相同的。明明信息的源头是一样的，为什么输出的内容会出现偏差呢？

ANSWER

信息在输出的过程中会出现失真，这与很多因素有关。有的信息里还潜藏着逻辑错误的陷阱，如果不注意甄别、盲目听信就会影响我们的判断与行动。掌握一些基本的逻辑常识和养成独立思考的习惯有助于我们分辨信息的真伪。

信息，在传输中失真

随着互联网科技的发展，信息呈现爆炸式的增长，我们在接收信息的同时往往也在输出与传递信息。其中任何一个环节都有可能造成信息的失真。

由于每天都有海量的信息，我们的大脑不得不对它们进行适当的删减。删减的可能是主要信息，也可能是次要信息，这与个人对信息的关注点及理解能力有关，也会导致我们对信息产生不同的接收效果。在大脑对信息进行删减处理后，一些复杂的信息在二次输出的过程中就化繁为简了。

我们对于信息的理解，通常会在潜意识里依赖于我们自身的经历和好恶。因此，我们在做信息处理时会有一定的倾向性和选择性，使得最终的理解更贴合自己的观点与角度。由此可见，多数情况下我们看到的信息，很有可能仅仅是我们想看到的那部分内容。

信息输出经由的环节越多、速度越快，其失真的程度也就越深。在职场上，我们经常看到公司的重要信息通过内部邮件或者官方渠道来正式发布，这种直接传达给接收者的方式避免了信息在多层级传输中出现失真的情况。另外，在信息输出的过程中，反复确认也可以减少信息的偏差。信息的接收者可以通过复述内容来确认信息接收的情况，例如主管为小米布置下周的工作任务，传达结束后小米可以主动向主管确认“下周需要做的工作是1、2、3……”，这样可以确保自己所理解的信息与对方想表达的内容是一致的。

常见的逻辑思维陷阱

无论是接收信息还是输出信息，我们常常会在不经意间掉进一些逻辑思维的陷阱。一些看起来强有力的观点，如果不仔细推敲，很容易就会让人信服，而事实上这些信息是非理性的、不符合逻辑的。我们在阅读和传输信息时都应当注意避免逻辑思维陷阱：

1. 非此即彼

“既然小米没有反对，那么说明她是接受这项工作安排的。”

该说法只提供两种选择，要么是“接受”，要么是“反对”。将事物简单粗暴地一分为二，非黑即白；忽略中间的地带，不考虑其他的可能性。

2. 歪曲本意

“小洋在工作报告中引用的部分数据不合常规，主管让他再仔细核对一次。这说明主管认为小洋是一个工作不仔细的人。”

该说法关注的焦点不仅不在“数据不合常规”这一事实本身，而且结论还改变了内容的走向。“需要仔细核对”并不等于“小洋是不仔细的人”。

3. 因果谬误

“如果不是因为会议延时了，就不会错过约见这个客户了，客户也不会到同行那里去下订单。所以，失去订单是由于会议延时导致的。”

造成跑单的原因有多种可能，不能简单地归结为是由会议延时引起的。没有事先和客户沟通清楚；没有留出有把握的余裕时间；此前没有给客户留下良好的印象……都有可能是导致失去订单的原因。会议延时只是偶然的事件，失去订单虽然与之有关，但是不能断言它们之间存在必然的因果关系。

4. 预设前提

“主管在工作中只关心自己的进度，所以不会考虑我们的工作量大小。”

“主管只关心自己的工作进度”这一情况并不一定是真实的，主管重视的可能是为了遵守与甲方客户的承诺。预设武断、不严密的前提条件来佐证自己的观点，自然是无法得出正确的结论的。

5. 不当类比

“小米能够将这份工作做好，小洋也一定能够做好。”

小米与小洋之间虽然有一些相同点，但是不同之处更多，而且这些相同点在实质上并不是完全相同，比如他们同样积极上进，但是在程度与表现上一定会有所差别。因此，这种类比并不合理。类比有利于说明，但不一定适合说理。

6. 盲目归纳

“连续三个月都有老人来申退订单，所以老年人都是不接纳蔬菜配送的。”

信息中将具体的事情“连续三个月都有老人来申退订单”放大化，盲目地归纳为“所以老年人都是不接纳蔬菜配送的”，以偏概全，无视其他可能性，这样自然也就会曲解事实真相。

为了避免掉进思维的陷阱，除了掌握一些基本的逻辑知识外，还要有自己独立的判断，不要受到他人观点的干扰。比如，我们可以通过提问的方式摸索真相看清本质。在信息传输时，保持怀疑的态度做出以下提问：传输的信息是建立在客观事实的基础上吗？是否存在偷换概念、混淆视听、因果混乱等缺乏逻辑的情况？这些信息与他人的相比较是互为补充还是完全相悖，产生这种情况的原因是什么……这样连续的提问有助于我们保持头脑的清醒，从而进行有逻辑的思考与信息输出。

明辨失真的信息及逻辑思维陷阱

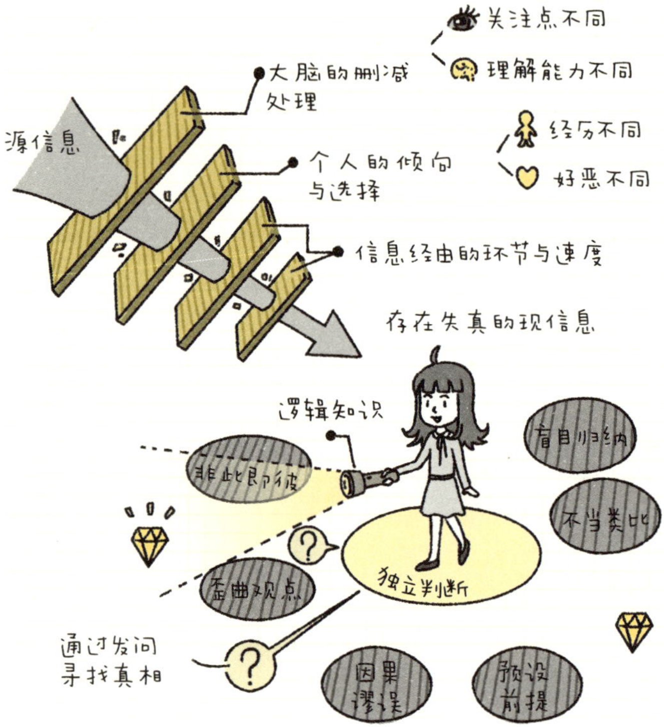

职场小路灯

● 信息在传输过程中会出现失真的情况，有时候还会让我们掉进逻辑思维的陷阱。主动确认信息可以减少失真的程度，不断提问有利于逻辑思考。信息输出的准确性可以反映出我们对信息的接收情况。

TOPIC 4–2

职场第一课·信息管理

如何准确地记录现场信息

● 记录信息的三个关键：事前做好准备、掌握记录方法、事后及时整理。

QUESTION

准确地记录信息可以减少信息输出时的偏差，但是在一些大型的会议、讲座及演讲现场，信息量往往很大，传递信息的人也会有不同的观点，在这种情况下怎么做才能保证准确地记录所有的信息呢？

ANSWER

提高信息记录的准确性，需要我们在事前、事中、事后都做好相应的工作，如此才能在现场轻松应战。而这个信息接收、处理与输出的过程，可以和我们之前介绍过的逻辑思考与阅读方式挂钩。

记录现场信息之前的准备

除去阅读，日常中我们接收信息的渠道还有很多，比如参加会议、他人的讲座、演讲、报告等。这些场合下的信息交流具有明显的时效性，主要是针对当下的一些话题进行研究与讨论，而且能够一次性听到多方不同的观点。这些正好弥补了阅读书籍时单方面思考的不足。因此，参加会议、他人的讲座、演讲以及报告等活动也是我们获取信息的重要渠道。

有很多工作多年的职场人对于这种获取信息的途径存在一些偏见，认为它们是在浪费时间，对工作能力的提升意义不大。最典型的表现就是不喜欢参加公司的各种会议，发言不积极或者思想停留在其他事情上。事实上，会议的核心作用就是交流信息，以求在思想的交流中获得更好的解决问题的方案。如果我们在会议上能够把被动地接收信息变为主动地接收，那么参加会议的效果就会大不相同。

主动接收信息意味着带着目的去聆听。**在参加会议等活动时，根据活动组织方提供的资料，我们可以事先了解一下这次活动的背景、主题和流程。对于不熟悉的主题，最好先查找相关资料进行初步的了解，**

以免因为生疏导致信息接收困难。通过对活动的详细了解，明确自己需要什么样的信息，重点是在哪一个部分，这样在记录信息时我们才能做到心中有数、有条不紊、有效吸收。这就好比我们拿到一本书，一般先审阅它的序言和目录，以把握它的背景和框架，再开始有针对性地学习。

为了能够更清晰地记录信息，在正式开始之前，我们最好先做准备一个记录的模板。模板依然可以采用逻辑阅读中的“5W1H”法，分别写下该活动的时间（when）、地点（where）、主讲人（who）、主题（what）、背景（why，即为什么会有这次讨论，它是为了解决哪方面的问题）、观点（how，即采用何种形式进行讨论）等。可以将已知的信息提前填写到模板中，其余的内容在接收信息的过程中随时记录补充。“5W1H”法最大的优势在于为我们提供了最基础的逻辑思考过程，让我们在后续的整理工作中对散乱的信息更有把握，条理更加清晰。

做好准备、掌握方法、及时整理，准确记录现场信息

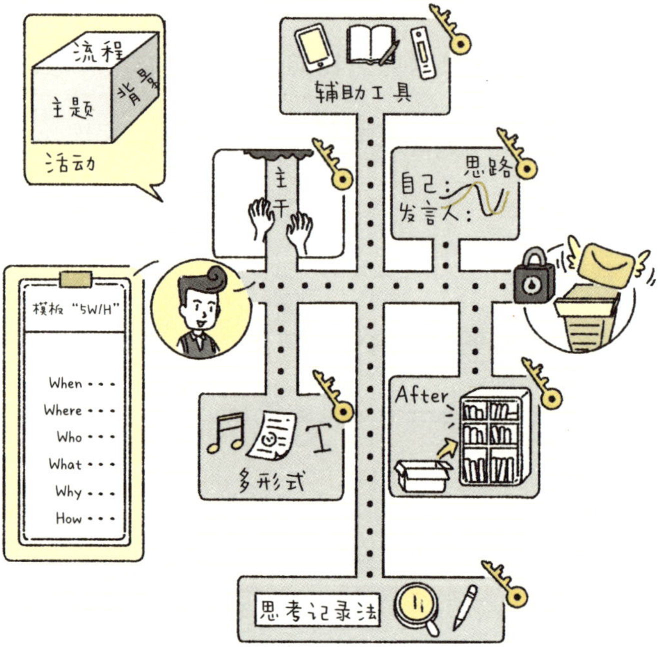

准确记录信息的基本方法

抓住关键主干

记录信息应当抓住关键内容，除非有特别的需求，通常情况下是不需要记录所有的信息的。关键内容是指与主题相关的部分，与讨论主题越紧密，该信息也就越重要。因此，在记录信息时我们需要手脑并用，一边对接收到的信息进行思考，一边有选择、有目的地记录。记录信息时要甄别并抛弃那些无关紧要的修饰性词句，就如同缩写句子一样，只留下句子的主干部分。一般情况下甚至并不需要写完整的句子，留下关键的字词、短语即可。

多形式记录

除了文字，也可以以画图表的形式来记录信息，充分利用符号来做标记。不管采用哪种形式，能够保证在最短的时间内准确记录下信息的要点，且自己能够根据记录清楚地复述即可。

紧跟发言人思路

有时候也会存在没有跟上发言人思路的情况，比如记录时被某些因素干扰而被迫打断记录的思绪。**这个时候我们要果断放弃没有记录下的信息，摆脱焦虑的情绪，以发言人当下传递的信息为重。**

借助工具辅以记录

如果需要全程完整地记录下所有信息，那么我们可以借助一些工具来实现。在会场比较安静，发言人声音清晰的情况下，录音笔能够为我们提供很大的帮助，或者也可以使用手机进行录音。另外，还可以使用语音转换文字的软件，直接将对方的发言转换成文稿。如果对方在发言的过程中配有演示文稿，情况允许的话，我们可以用拍照的方式来记录信息。演示文稿也是逻辑思维的一种表达形式，可以让我们更好地理解对方的思考过程。

参与思考并记录想法

除了客观地记录发言人传递的信息，我们还可以快速精炼地记录一些自己主观的感想，比如由活动观点所产生的灵感，对发言人的观点是否赞同，对该活动的看法等。在这个过程中，因为我们动用思维参与了思考，对于记录下的信息会有更深刻的印象，事后整理信息时也更容易获得启发。**要注意的**

是，主观思考与客观信息在记录的过程中要区别标记，不要杂糅在一起。

事后及时整理信息

活动的结束并不是记录信息的尾声。我们需要在第一时间对信息进行整理。因为之前的信息是零散记录的，而且我们对于新接收的信息还未完全消化，因此记忆力不会太持久，如果不及时整理很快就会遗忘，待到多日之后再回顾时，很有可能就难以还原到最初的记忆了。

那么，怎样整理信息呢？**整理的信息应当条理分明，便于阅读，其内容形式可以用我们在前面介绍过的逻辑思维图来处理，也可以辅以图表加文字来表达。**如果是录音文件，是否一字一句地按照原稿进行整理是根据需求而定的，多数情况下只需梳理出关键信息即可。

对于会公开分享的信息记录，语句方面应力求做到让他人能够顺畅阅读、明白无误。如果仅是留存文档给自己查看，可以不拘一格，确保自己再次回顾时能够看懂就好。

职场小路灯

● 在接收信息时准确地记录信息，可以减少我们在信息处理时的偏差。无论是在阅读中还是在活动现场接收信息，于事前、事中、事后都做好相应的工作，灵活借助各种各样的方法和工具，能够帮助我们大大提升记录和输出信息的准确性。

TOPIC

4–3 如何有效地传递信息

职场第一课·信息管理

● 基于传递的法则，抓住传达的要素，巧用表达的方法。

QUESTION

在日常的工作中，很多场合下我们是无法做到先记录再传递信息的。职场中的信息传递很频繁，有时候同样的信息采用不同的形式表达，得到的反馈也会有很大的差别。怎样做才能够将信息有效地传递给他人、减少失误呢？

ANSWER

职场中信息传递的时效性很强，通常信息传达到位以后就需要立即执行。这就需要我们在最短的时间内抓住信息的关键，根据工作上的具体目的来决定信息传递的方式。此外，根据信息的不同性质，时间、地点、信息的输出形式和接收对象都是我们需要考虑的因素。

有效传递信息是职场人的必修课

在工作时间里，我们需要频繁地和同事、上级、客户做各种各样的沟通，信息的传递贯穿于我们全部的工作进程，而传递的效果直接影响我们的工作进展。准确的信息能够促进工作的顺利开展，错误的信息会给工作带来干扰、形成阻碍，甚至造成不必要的损失。即使误传的信息只有一句话，也会给工作带来或大或小的影响。

蔬菜配送公司的新项目已经上线三个月，小洋在无意中听到财务人员说新项目没有亏损，于是兴奋地向大家传递这个消息。待到发放奖金之日，大家发现新项目没有分配奖金，因此有员工产生了怀疑的负面情绪。后来财务经理出面解释才化解了大家心中的疑问。原来，新的项目的确没有亏损，但是也没有赢利，而是处于持平的状态，按照公司的薪酬制度是没有奖金分配的。小洋在接收信息时只听取了片面的信息，而且不加以分析和求证就开始传播，影响了大家的工作情绪。由此我们可以得出，**有效传递信息的法则包括准确性和完整性两个方面**。而如何有效地传递信息也是职场人的必修课。

影响信息有效传递的因素

职场上的信息传递多数情况下内容简短，再加上大家同在一个环境下彼此了解，所以日常工作中信息传递失真的情况比较少。**但是根据信息的不同性质，我们在传递一些含义较深的信息时，如果不注意考虑信息的结构，当下的时间、地点、表达方式和接收信息的对象，那么就很有可能无法有效地传递信息。**虽然我们表达了自己所有的想法，但是对方只接收到70%，这个过程就不是信息的有效传递。

结构不完整的信息影响理解

我们传递给他人的信息应当表达清楚主体、过程与结果（目的）这些部分。就像我们造一个完整的句子要有主语、谓语和宾语一样，不完整的表达是让人产生误解与歧义的主要原因之一。

时间和地点影响信息的传递

在工作中，如果选择在客户即将下班的时间打电话过去沟通合同中的一些重要问题，或是在地铁上与同行的主管提出升职加薪的申请等，都是非常不适宜的举动。准备下班的客户很可能没有耐心倾听我们的陈述，从而导致沟通无法达成最准确的合意；而地铁上的各种噪音及非工作时间的松懈状态，也会令主管无法深入地考虑我们的想法与工作表现，从而不能做出精准的判断。**一个原本重要的话题会因为不合适的时间与地点而显得无足轻重、仓促而终。**

表达方式与接收方的情况也是隐形的干扰因素

除了准确传递信息之外，我们还需要注意传递信息时的语气、态度和动作，这些都会成为影响信息有效传递的因素。例如十万火急的工作任务以慢吞吞的语调来传递，那么接收信息的人自然不会感受到任务的紧急性，在工作的处理上就可能产生怠慢的情况。

信息接收人的情况也是我们需要考虑的因素。如果对方不是专业人士，我们在沟通中却使用了大量的行业术语，那么即使对方能够准确记住信息内容也无法做到深入理解，显然也会影响信息传递的效果。

传递信息很容易做到，但是有效地传递信息却需要技巧。“天时、地利、人和”不是职场的玄学，而是沟通的智慧。

有效传递信息的法则、影响因素及方法

有效传递信息的方法："三角式"与"压缩式"

我们在职场上经常会有汇报工作、传达任务、讲解方案等一系列需要向他人传递信息的工作。在安排了合适的时间与地点，了解了沟通的对象以后，我们还需要用一些方法来让对方更好地接收与理解我们所传递的信息。下面我们介绍两种在工作中常见的实用的表达方法。

"三角式"表达

"三角式"是指先说结论，再逐步阐述得出这个结论的原因。例如：

"我们的蔬菜在本周需要提价。一方面是受雨雪天气影响，外地蔬菜到仓时间延迟，另一方面是由于最新环保政策的颁布，包装纸箱的成本已经上涨。"

"压缩式"表达

"压缩式"是指将大量的信息进行高度概括，压缩

到只有寥寥数语甚至一句话。例如：

“我先用一分钟的时间概述我的营销方案……”

在具体的工作中，“三角式”与“压缩式”两种表达方法并不是截然分开的，而是经常组合在一起使用。**两种方法的结合保证了最重要的信息优先传递，在第一时间传达给对方，而且言简意赅、条理清晰，从而提高了信息传递的有效性。**

职场小路灯

● 精准传递信息是职场人的必修课。在传递信息的过程中，要考虑信息的结构、时间、地点及当事人的情况等因素；将“三角式”与“压缩式”的方法灵活运用，可以提高信息传递的效率。

TOPIC

4–4

职场第一课·信息管理

如何做出观点清晰的评论

● 将大脑分析处理过的信息，清晰地传达给他人。

QUESTION

上个月公司举办了一场内部的读书会活动，要求我们在阅读相关图书后写一篇书评。我从来没有写过这样的内容，按照自己的想法写好，递交上去以后，主管说我的书评更像是读后感，并且观点模糊不清。怎样才能发表观点清晰的评论呢？

ANSWER

书评与读后感是不同的，书评重在“评论”，而读后感重在“感想”。观点清晰的评论是建立在良好的逻辑思维的基础之上的，同时还要兼顾角度新颖、内容具体，这样才能从众多的评论中脱颖而出。

先说“观点”还是先说“原因”？

所谓评论，是针对某个特定的对象发表自己的观点与看法。如今我们表达自己想法的平台与机会越来越多，对一件事、一本书、一部电影甚至是一件商品都可以发表自己的评论。然而，虽然作为评论的信息随处可见，但是观点清晰、内容出彩的评论并不多。**评论的重点是在“评”上，所以不能只是像写抒情随笔一样，一味地发表自己的感想，要针对自己感受最深的那部分内容进行评价。**很多时候我们的评论要么空洞无物，要么观点模糊不清。造成这种现象的根本原因在于，我们在发表评论之前思路还处于混沌状态，只能想到什么说什么，而没有深入、系统地进行思考，没有将自己的感性认识提升到理性分析上。

那么，在发表评论的时候，我们应当先表达观点再述说原因，还是应该先陈述原因再总结观点呢？下面我们就来比较一下这两种不同顺序的评论方式。

在公司的品牌形象升级讨论会上，小米与小洋对于新方案都表示支持，并分别发表了自己的想法。

小米

观点：新的方案诠释了全新的品牌形象。

原因：

1.新的标识设计在视觉上有很强的冲击力；

2.新的广告语从之前物质方面的诉求上升到了精神层面的诉求；

3.新的方案内容丰富，让品牌形象更加立体。

小洋

原因：

1.新的标识设计在视觉上有很强的冲击力；

2.新的广告语从之前物质方面的诉求上升到了精神层面的诉求；

3.新的方案内容丰富，让品牌形象更加立体。

观点：新的方案诠释了全新的品牌形象。

我们发表的评论内容正是我们逻辑思维的反映。小洋与小米对于新的品牌形象方案有着相同的观点，但采用的是不同的表达方式。小米先说“观点”，然后再阐述产生这个观点的“原因”。在这个过程中，聆听评论的人随着小米的陈述不断地去印证“观点”，从而加深了对于“观点”的印象。这种方式实际上是在引导信息受众主动接受“观点”。

而小洋首先阐述的是自己分析的过程，即“原因”部分，然后通过这些“原因”推出自己的“观

观点清晰的评论，才能被受众有效接收

点”。听众在这个过程中始终处于接收新信息的状态，而前后信息之间由于缺少很强的关联性，不能让听众在短时间内深入思考并找到关联。等到得出“观点”时，听众需要再次返回到之前的“原因”并一一验证其与结论的关联性。在信息接收上受众是处于被动状态的。

因此，**这两种发表评论的方式相比较而言，先说“观点”再说“原因”，会让受众对信息的接受程度更高，评论的观点也会更加清晰明了，避免让别人“不知所云”的尴尬。**

好的评论是怎样产生的？

内容属实

评论在某种程度上对人们的生活具有参考意义，我们往往会通过查看别人写的评论来判断这本书是否值得一读，这部电影是否值得一看，这个商品是否值得一买。因此，我们在评论中发表的内容也应当真实。

为了让他人能够更好地权衡评论内容的价值，我们还可以在评论中提前交代一下自己的相关背景，比如："我不是这方面的专业人士""我只去过这家公司一次""我曾经有过相似的经历"等。这样的背景交代有利于受众对我们的评论信息进行客观、有效的价值判断。

明确方向与受众群体

撰写评论之前，我们需要明白自己为什么而写，这些评论的内容是写给哪些人看的。同样是在业务领域发表的书评，写给新员工看的和写给高管看的，在评论的视角与程度上就会有所不同。**另外，在反复思考"应当说些什么"时，最好也想一想"什么不该说"。**

彻底了解，全面思考

如果对将要评论的对象还没有经过彻底的了解，就不要急于下结论。片面的认识很可能让我们产生错误的观点。全面地分析被评论的对象，哪些地方值得肯定，哪里还存在着不足，令人困惑不解或者感觉有争议的地方又有哪些，对此我们的观点是怎样的，为什么我们会得出这样的观点……将这一系列的思考过程记录下来，就是我们将要发表的评论的主要内容。

表达具体，避免空洞

在表达我们的观点时，观点一定要具体，应当避免出现抽象、空洞的表达。比如“这本书写得很好”“这样的公司值得加入”“很好”一类空泛的语句传达的都是一种抽象的概念，受众没有办法感受到底好在哪里。况且人们对于“好”的评判标准是不同的，比如被职场新人视为行业宝典的好书，在资深人士看来可能就是入门基础。

把抽象的评价写得再具体一些，不要让它们看起来平淡无奇。老生常谈的内容自然很难引起他人的注意，**不妨选取一个全新的角度进行评价，给他人以**

耳目一新的感觉，这也要求我们在日常工作和生活中就要培养自己多方面看待事物的眼力。要注意的是，新颖的观点应当建立在客观事实的基础上，不能为了追求新颖而刻意地标新立异，更不能为了展现与众不同而恶意诽谤。

在阐述自己的观点时，我们要前后统一，不能自相矛盾，并最好能够做到将理论与实际相结合。既要避免空谈理论不讲实际，导致观点缺乏事实依据；要留心只谈现象没有理论支持，导致逻辑缺乏严谨性。在论述的过程中，做到深入浅出、逻辑清晰，我们的评论就会被更多人接受。

职场小路灯

● 在发表评论时先说观点再阐述原因，可以让受众在第一时间接收到最重要的信息。评论应基于实情，有明确的信息受众；表达应清晰，逻辑做到前后统一。在全面了解事物之前不要妄下结论。如此，我们的评论才能以清晰的方式直抵人心。

TOPIC

4–5

职场第一课·信息管理

如何妥善地发表不同的观点

● 与他人不同的观点和意见，也有办法妥善表达、让他人欣然接受。

QUESTION

在平时的工作与生活中，持有与他人不同的观点是常有的事。有的观点大家可以互为补充，而有的观点则是截然相反的。对于他人的观点不能认同时，如何发表自己的观点才不会伤及他人呢？

ANSWER

每个人的生活经历不同，所受的教育不同，思考问题的方式也不同，看待同一个事物就会产生不同的看法。对于各种各样的观点，我们应当秉持“求同存异”的原则。在尊重对方的前提下再对其观点发表评论，务必做到对事不对人。

发表不同观点的前提

发表与他人不同的观点，应当在尊重他人的前

提下进行。我们应以客观事实为依据去发表我们的观点，而不是针对发表观点的人去进行评论，更不能进行人身攻击。因此，在看待他人的观点时，我们应具体注意以下方面。

首先，尊重他人的观点，在评价对方的观点时最好能够先站在对方的立场上去思考，了解对方形成这些观点的原因。对方的观点若有不足，有的可能是因为认识上的局限性，有的可能是因为看问题的角度不同，还有的可能纯粹是在语言表达上功力不够而造成的词不达意。不管出于什么样的原因，我们都不能戴着有色眼镜武断地去看待对方和他的观点。

其次，在分析他人的观点时，要注意分清主次，不能舍本逐末。分辨其中哪些是符合客观事实的，哪些是有悖逻辑、不实或者存在局限性的；评论中的逻辑是否清晰，是否存在偷换概念的情况；对方提供的论据能否有力地支持论点；其论证的方法是否科学，等等。如果不加以分析就盲目地评论，也许你就会给他人留下盲目自大、见识浅薄、胡搅蛮缠的印象，被评论的当事人自然也很难接受你提出的观点。

最后，我们在发表不同的观点时，观点要符合实际，实事求是。要有真实可靠的内容作为论据支撑，不能随意编造。更不能带着私心为了反驳他人而反驳，从而歪曲或者篡改他人的意思，将原本没有的观点强加给对方。

如何妥善地发表不同的观点

大多数人都愿意听到赞扬的话语，不愿意接受批评的声音。如果批评的方式不得当更是容易激发双方的矛盾。**发表不同的观点时，我们可以采用“三明治”法。在评论的开头，认同并赞赏对方的部分观点，在评论的中间，发表自己不同的看法，也可以是给对方的建议或批评，在评论的最后，表达自己的鼓励与支持。**这样的评论看上去就像是一个三明治，把反驳的观点夹在两个表扬之间，从而使对方更愉快地接受。**三明治式的做法，既尊重了对方，又表达了自己不同的观点。**

妥善发表不同观点，让对方欣然接受

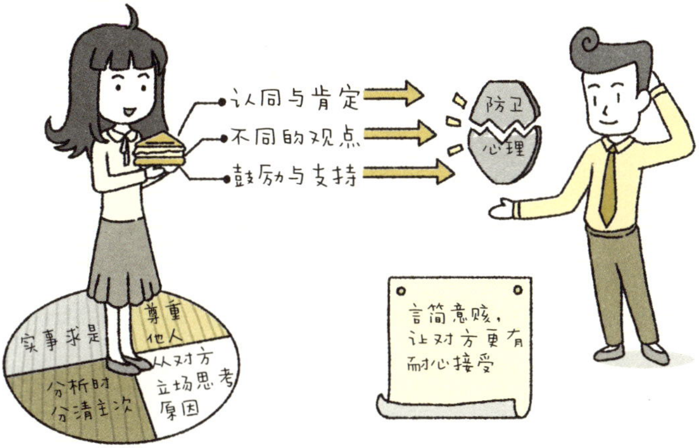

比如，主管在月末审阅了小米的工作总结后这样评论道："从这个月的工作表现来看比以往有了很大的进步，但是处理问题的方式还缺乏灵活性，还没有学会借助团队的力量来完成个人的工作。相信在你一如既往地努力下，这个问题很快会得到改善。"

三明治式的做法具体分三步：首先提出肯定，这令对方在心里减少了防卫，从而愿意平心静气地聆听我们的观点，接受我们的建议、批评或者反驳。如果在评论的最初就是严厉的反对，对方必然会条件反射般地进入一种自我保护的状态。一旦有了防卫的心理，那么很有可能客观的评论也会被对方看作故意挑衅。其次，在评论的中间提出不同意见的时候，最好是抓住重点、言简意赅，不要过度地延伸。一而再，再而三地反驳或是批评对方，会让对方失去聆听的耐心。再次，结尾处说一些鼓励与支持的话语，会让对方感觉舒服，从而认为我们的观点虽然与之不同，但出发点是善意的。

对于我们心有同感的观点，也要注意其是否符合客观事实和逻辑，不能为了表达认可而认可。对于我们不认同的地方，如果另有他人已经给出了不同的观点且与我们的看法相同，那么我们只需要简单地说明同意他人反驳的观点即可，不需要再重复论述一遍。

职场小路灯

● 在发表不同观点的评论之前，先对对方的观点进行分析，站在对方的角度去思考他为什么会得出这样的结论。巧用三明治式的评论结构来表达不同的意见，会令对方更容易接受。

发表评论前的注意事项

避免雷区——将自己的观点有效表达的必备功课。

在日常的工作与生活中，我们会接收各种各样的信息，信息经过我们大脑的逻辑处理之后，我们少不了将自己的想法与观点作为评论输出给外界。一篇精彩的评论不仅能够锻炼我们的逻辑思维能力，同时还能给他人留下深刻的印象。

由于在公共场合发表评论通常是一对多的信息传递，不当的言论可能会给他人和自己带来负面的影响。因此，在发表评论之前我们需要注意一些常见的问题，避免触及雷区。

一忌：人云亦云

可以与他人的观点相同，但不要人云亦云，这样

会让我们看上去缺乏独立思考的能力。即使是发表和他人相同的观点，也可以通过具体的阐述来表现不同的思考过程，还可以在其观点上进行横向或纵向的延伸分析，让观点更加深刻。**在理且透彻的评论同样会让我们脱颖而出。**

二忌：偏离事实

无论是发表什么样的评论，都应该尊重客观事实。无论多么精彩的评论如果偏离了事实就失去了它的意义。**对于评论中引用的信息，比如名人名言、法则定律、时间地点等，要确保正确无误。**在这些基本的信息上出现错误不仅会成为他人的笑柄，甚至还有可能导致结论出错。**在选取独到的视角来发表评论时，要切记观点符合逻辑，不能为了表现个性而强词夺理。**

三忌：个人偏见

偏见是脱离客观事实的对人和事物的激进或消极

的认识与态度。**我们在发表评论时要尊重客观事实，发表有逻辑的观点，而不是个人情绪化的偏见。**要就事论事，不因志同道合而刻意迎合，也不因各执一词而一味地批判、否定，更不能将发表评论这一行为变成对他人进行人身攻击的途径，理性客观的评论才能让他人对自己交口称赞。

四忌：伤及他人

前文我们提到，不可以以个人偏见伤害他人，**此外也要留意自己的评论中，引用他人他事作为辩论的依据时，是否存在着无意伤及他人的情况。**我们应当在评论的过程中时刻省思自检一下：自己的评论是否公正，对涉及的特定的个人与组织，我们在无意中是否有过分抬举或不公贬低的情况。“说出去的话就像泼出去的水”，评论一旦发出去就要接受来自各方的检阅，因此我们应当尽量做到严谨公正。

五忌：争论输赢

在公共场合发表评论，并不是一定要用自己的观点去说服别人、让别人接受自己的想法，而是应与大家相互交流看法，并在交流中获取更多的信息来提高自己的认识。如果针对同一个问题，大家能够达成共识，这样的结果自然皆大欢喜。如果不能达成统一的观点，也是常态，这些不同的声音可以促使我们从不同的角度看待问题，不断地去思考和学习。

避免雷区、步步稳行，将自己的观点有效输出

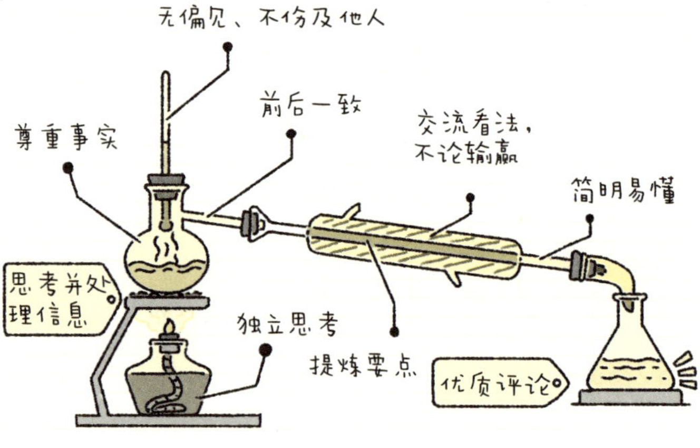

六忌：乏味难懂

在公共场合发表评论是与他人交换信息的一种方式，为了保证对方准确地接收信息，我们的评论应当具有良好的可读性。在发表评论前，应考虑怎样写才能让大多数人看懂并且不觉得乏味。比如在大众场合发表充满各种专业术语的内容，在轻松场合写过于正式的官腔评论等，都会令人觉得不合时宜、毫无阅读的兴致。但如果在日常评论中采用一些轻松活泼的语言，引用一些生活中常见的事例，就会拉近受众与我们之间的距离，甚至是产生共鸣。**所以在写评论的过程中我们可以时不时地问问自己：自己的信息精炼吗？自己的评论有趣吗？只有这样时刻反思自己，才能让你的评论更出彩。**

七忌：前后不一

我们发表的评论代表着我们个人的想法。我们支持什么，反对什么，喜欢什么，不喜欢什么，都会在评论中表露出来。可以说，评论内容从侧面反映了一个人的思想行为。为了给自己树立良好的形象，有的人会在评论中添加很多正面的信息用于包装自己。适度的印象管理可以理解，但是如果在评论里展现的形象与现实中的差距太大，就会给他人留下表里不一的印象，这对于评论人自身的形象反而是一种极大的破坏。**在评论中陈述真实的情况，会增加他人对我们的信赖感，同时自己所写评论也为他人提供了有价值的参考。**

此外，我们也要注意评论中自己的观点是否前后一致。自己说过和写过的事情和观点，在此后可能还会提到，对待全文我们在思想上要有整合性，以免评论出现前后不一的情况，导致可信度降低。

八忌：长篇大论

除了评论性质的文章，日常的评论一般具有时效性，不适宜用很长的篇幅来说明。尤其是在互联网时代海量信息的包围下，人们很难有耐心去仔细阅读长篇评论，于是一篇有见解的评论很有可能会因为篇幅太长而被读者直接忽略。

在面对面的交流中也是如此，不停地讲述自己的观点会让对方觉得思维疲劳，对信息的主动接收也会产生抵抗。这样的表达除了给他人留下强行灌输观点的印象之外，太长的内容也会让对方难以记忆、不知所云。因此，**当自己有强烈的表达欲望时，不妨给自己设定一个限制，例如用一句话概括评论，或者30秒内说清楚自己想要表达的观点等，在得到对方的反馈后，再根据情况来决定要不要继续阐述。**

PRACTICE STARTS

课后作业

基本　在公共场合发表评论要注意避开“雷区”，避免给他人或自己带来负面影响。

活用　针对当下某一条热点新闻，尝试写一篇观点清晰、视角新颖的精炼评论。

不想失去的信息，将它们归队存档吧！

信息太多，担心大脑处理不过来？不管是想要搜集的，还是正在处理的，将有用的信息通通纳入自己的宝袋，让它成为你的灵感之源，以备不时之需吧！

培养你精准高效的信息管理能力

- [ ] 第1章 信息理解：必要的逻辑思维能力是基础
- [ ] 第2章 信息接收：可以带来产能的高效阅读方法
- [ ] 第3章 信息转化：让智慧阅读真正有益于工作
- [ ] 第4章 信息输出：准确接收、传递和评论信息的关键
- [x] 第5章 信息搜集：充分利用纸质笔记本
- [ ] 第6章 信息管理小测试 Ready? Go!

第5章

信息搜集：充分利用纸质笔记本

TOPIC

5–1

职场第一课·信息管理

信息搜集的原则

● 信息搜集是利用信息的第一步，也是关键的一步！

QUESTION

无论是工作中上司让我搜集信息，还是平常自己整理信息，虽然我每次都认真去做，但结果总是不能让人满意。不是信息不齐全，就是不真实，要不就是信息过期很久了不能用。怎么才能做好信息搜集工作呢？

ANSWER

搜集信息并不是查查文献、上网搜索几个关键词、剪几张报纸那么简单，搜集信息也有一套系统的工作流程和原则。要想搜集到对你有用、有效的信息资料，就必须先了解搜集信息的基本原则。这样才能系统地做好接下来的工作。

什么是信息搜集？

信息搜集，指的是通过各种方式获取所需要的信息。信息的搜集是信息得以保存与利用的第一步，也是关键的一步。**信息搜集工作做得好与坏，直接关系到后续的信息管理与信息活用的工作质量。**

信息搜集的原则

上司正在为与 A 公司的谈判准备资料，他要求小洋根据谈判的内容搜集一些信息交给他。然而小洋直到谈判开始前一天才急急忙忙将信息搜集完毕，等到上司看到资料的时候，却发现这些信息早已过时，相关政策和法律条文都已经有所变化，不能用在明天的谈判会上。还好上司同时也交代了另一位下属进行信息的搜集，不然就会影响第二天的谈判会了。

通过小洋的例子，我们可以总结出，在信息搜集的过程中，为了保证搜集而来的信息的质量，我们应当遵守以下原则。

第一，时效性原则。

信息的利用价值取决于信息能否及时地提供给它的使用者，并发挥作用。一般情况下，时间间隔越短，信息的利用效率就越高；时间间隔越长，信息的利用效率就越低。对于公司的决策者们来说，只有及时地获取信息，才能在关键时候做出精确的反应和决策，信息的作用也能最大限度地发挥。同理，日常工作中自己搜集、使用信息时亦是如此。因此，在搜集信息的时候要时刻注意信息的时效性，确保其能够及时发挥效用。

遵守基本原则是有效搜集信息的前提

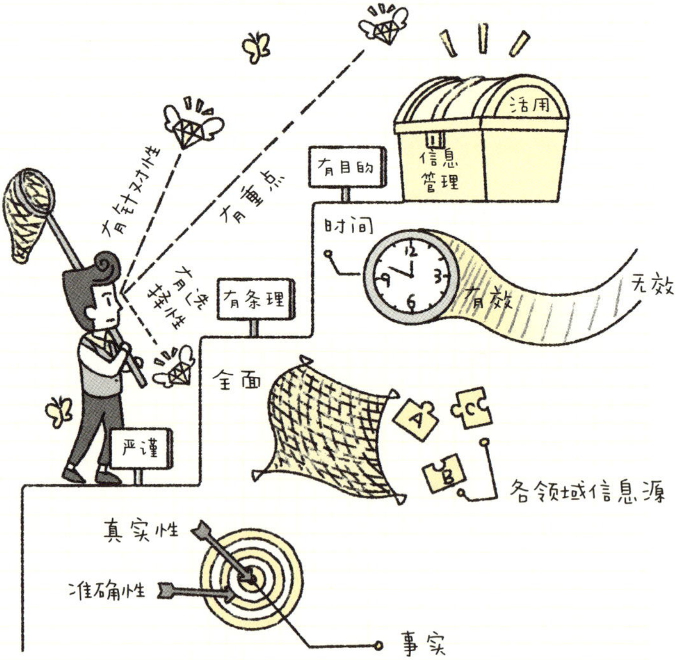

第二，全面性原则。

所谓全面性是指尽可能广泛、全面地搜集符合要求的信息，从而保证信息的完整性。搜集信息也不要局限于同一个领域，很多时候带来灵感或用得上的信息很可能是来自其他领域的信息。

对于信息的来源可以从分类上拓宽范围去选择。不管是纸质信息还是电子信息，只要是对我们有所启发的信息都可以进行搜集。**信息的来源一般分为实物型信息源、文献型信息源、电子型信息源和网络型信息源。**

实物型信息源又称现场型信息源，简单点理解就是能够身临其境，在现场获得的信息来源。一般像展览会、学术报告会、新闻发布会等现场活动，都能获得此类信息。

文献型信息源，顾名思义，就是指各种文献。包括书籍、报刊、学术论文、公文等。

电子型信息源主要是指通过电子信息技术传播的信息，例如广播、电视、电子刊物等都属于该类信息源。

网络型信息源是目前用得比较多的信息来源，主要是指在网络上传播或者有关信息结合而形成的信息源。

第三，准确性原则。

搜集信息的目的是为了应用，如果信息的真实性都不能保证，那么对于使用信息的人做决策就会有影响。**所以该原则要求搜集信息时要核实和筛选所搜集信息的真实性和准确性，要认真分析信息内容及其来源，剔除虚假信息，以确保搜集到的信息真实可信。**

搜集信息看似是一个简单的工作，其实确是一项十分严谨、讲究条理的工作。搜集信息并不能盲目地进行，要先明确搜集的信息是为谁服务的，进而还要确定所需信息的范围和类型，要有针对性、有重点、有选择性地去搜集。

职场小路灯

● 搜集信息是一项有预见性的基础工作，严格遵守搜集信息的原则是能够有效搜集信息的重要前提。我们既要立足于现实的需要，满足当时的需求，也要考虑未来的发展，保证搜集回来的信息具有时效性、全面性和准确性。

TOPIC

5–2

职场第一课·信息管理

选择适合自己的笔记本

● 笔记本不是单纯的记事工具，它是辅助我们收纳信息、知识再创的小伙伴。

QUESTION

为了锻炼自己搜集与处理信息的能力，我前前后后买了大概不下 10 种笔记本，但是没有一本是完全用完了的，总是用了一段时间后发现不合适，于是又换一款。究竟如何才能找到适合自己的笔记本呢？

ANSWER

笔记本的种类繁多，型号、尺寸从大到小一应俱全；用途有专门记笔记的、记日程的，还有记录生活开支的等。你不能很好地使用并不停更换笔记本的原因，很可能在于你的笔记本的功能与你期望的用途有一定的差距。选择一款适合自己的笔记本，对于记录信息非常关键。

想要选择一款适合自己的笔记本，首先要先明确自己使用笔记本的目的是什么，或者我们想要怎么样去使用自己的笔记本。

一般来说，笔记本有三大功能：安排日程、记录信息和整理信息。根据其功能的不同，笔记本的构成方式和我们选择笔记本的方法也不同。**因此在购买笔记本之前，先想好会将笔记本用来服务于哪一类信息的记录，是搜集信息，写读书笔记，还是安排工作日程，记录生活等。**明确目的后，我们就可以开始考虑以下四个因素了。

尺寸的选择

首先我们来了解一下笔记本的国际标准尺寸（长 × 宽）：

A4：210mm × 297mm

A5：148mm × 210mm

A6：105mm × 148mm

B3：353mm × 500mm

B5：176mm × 250mm

市面上比较常见的笔记本尺寸是 A5、A6 和 B5

这三种。如果对笔记本的型号没有什么概念，可以先按照以上的长宽尺寸比画一下，或直接去商店中对比后，再考虑购买。毕竟不同尺寸的笔记本，其大小还是有很大差别的，在使用上也会带来不同的感受。

另外，由于每个人的工作性质和使用习惯的不同，在笔记本的尺寸选择上也会有不同的需求。例如，对于需要经常携带笔记本出行的人士，尺寸小一些的，可放入包包或口袋的，方便随身携带的笔记本就十分符合需求；而如果笔记本是用于放在办公桌上时时翻看、剪贴信息，则可购买尺寸大一点的，方便书写与查阅。

其次还有一些异型尺寸的笔记本，我们可根据自己的喜好和习惯，结合需求进行选择。

装订形式的选择

笔记本的装订形式大致可以分为活页和非活页这两种。

活页的笔记本的内页（内芯）是可以随意取出、

增加和改变位置的，比较适用于形式多变的信息记录，例如搜集各种会议活动中的想法，写读书笔记或者随笔等。使用活页笔记本不需要按顺序进行书写，可以随意书写后再来总结归类、调整位置。

非活页的笔记本又有很多种装订类型，比如胶装、线装、骑马订等。非活页的笔记本在内容的整理上没有前者那么灵活，一般需要按照固定的顺序和形式来进行记录，也不能随意地改变纸张位置或增加页

明确目的，选择适合自己的笔记本“伙伴”

面，通常需要我们使用其他辅助工具来划分格局。非活页笔记本则比较适合做既定类别的信息记录，比如安排日程、写日记，或者记录项目进度、工作总结等。

内页形式的选择

我们之前谈及市面上的笔记本大多有三种功能，而这三种功能主要体现在笔记本的内页中。

例如，如果我们想用笔记本做日程记录，那么最好就要选择带有日历格式内页的笔记本，无论日程记录还是年月计划，都可以在日历表上记录得清清楚楚，方便我们查看生活中的整体进程与局部进展；如果是想要将笔记本用于记录各种碎片信息，就可以选择没有固定版式的内页（方格、点阵、空白、横线等形式都可），方便我们不受框格束缚地收录信息、捕捉灵感，并可以随时书写笔记与心得；如果刚开始自己对笔记本内页的版式没有什么概念的话，市面上也有综合了各种形式的内页的笔记本，我们可以基于自己的主要使用目的，选择一些已经区分好内页形式与格局的笔记本，然后按照其固定格式去填写就可以了。

心情的选择

市面上有很多品牌的笔记本，在颜色、材质、设计等方面都各有特点，我们完全可以把每次挑选笔记本都当作一种乐趣，就像挑选一位未来可以帮助自己收纳知识并二次创作的小伙伴。当我们以更积极的态度去对待这项准备工作，才能更有信心将后续的收录信息工作做得更好。

职场小路灯

● 在笔记本的选择上，我们应先明确自己的笔记本将主要用于哪一类信息的记录，再根据个人的需求和喜好购买一本来练手；待找寻到适合自己的记录方法并总结出较为成熟的记录模式后，我们与笔记本也就能达成一定的“默契”了。

TOPIC

5–3

职场第一课·信息管理

信息记录的小技巧

● 掌握基本的记录方法，让手中的信息明晰了然有意义。

QUESTION

每次开会的时候，都会有前辈和上司提出很多不错的观点，我想把一些有用的信息记录下来以便日后学习。但是等到会后想要再温习的时候，翻开笔记本我只看到自己潦草的几笔记录，信息混乱又不完整。

ANSWER

做笔记听起来简单，然而实操起来磕磕绊绊的地方不少，例如记录时间太紧急，导致信息记录不完整；记录的内容杂乱无章，不同内容之间分界不明；记录的信息查找不方便，最终被遗忘等。要想解决这些问题，就需要学习一些信息记录的小技巧。

要让记录的过程变得平顺，除了能归纳和总结，我们还需要培养很多有利于记录的好习惯。为了能够最大限度地记录下对我们有用的信息，我们应当学习一些基本且实用的方法，让记录变得更简单顺手。

专有名词可用罗马字母缩写替代

在信息记录的过程中，我们经常会碰到许多专有名词。有些专有名词又特别长，如果都用中文字符如实记录下来则会拖慢我们记录的进度。**如果我们用字母缩写替代这些冗长的专有名词的话，我们的记录速度就会大大提高。**

小洋所在的蔬菜配送公司，只要一开会总是会出现各种各样的专有名词。刚进公司的小洋每次在开会的时候，总是要花大量的时间去记录上司说的各种问题，又因为专有名词太多，小洋总是记录不及时。后来前辈告诉了他一个方法，让他把这些专有名词换成字母的缩写，这样在书写的时候速度就能提升不少。

例如：

PL = packing list（装箱单）

PO = purchase order（采购订单）

DO = delivery order（提货单）

WM = weight memo（重量单）

O2O = online to offline（线上到线下的商业模式）

TBD = to be determined（待决定、待商议）

信息来源的分类可用特殊记号表示

我们身处一个信息大爆炸的年代，所接触的信息不一定都是通过同一种途径获得的。有可能是通过书籍、报刊；也有可能是通过电视、广播；还有可能是通过网络检索或者参加会议等活动获得。标清楚信息的来源，有利于我们日后回顾或继续查找相关信息。

那么在记录信息时，如何快速清晰地区分这些信息获得的途径呢？在这里我们推荐大家可以使用一些特殊的记号来标示这些信息的来源。

比如：

读书时获得的信息可以用“★”表示；

在会议中获得的信息可以用“●”表示；

看电视或听广播获得的信息可以用“■”表示；

与他人交谈时获得的信息可以用“▲”表示，等等。

这些日常事项，在记录时我们可以用一些熟悉的或者习惯的特定符号在内容前标示，以便书写和查阅时进行快速区分。

让笔下的信息明晰了然的记录方法

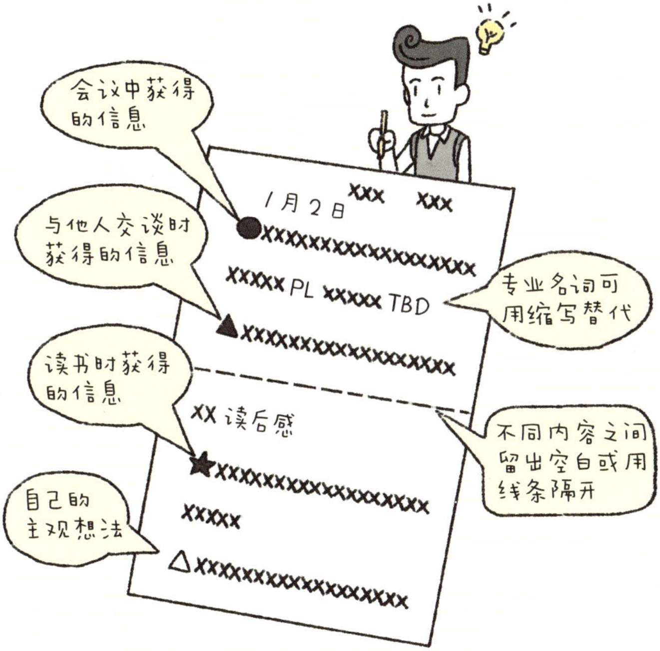

不同内容之间留出行距空白或用线条隔开

这样做的好处是使记录的内容一目了然，且事后还可以在旁边增加感想随笔。搜集资料的目的是为了能应用，那么信息的来源范围越广，可获得的信息就越多。当信息来源多了之后，就很有可能出现在同一页中有不同的信息内容的情况。如果都不进行区分，连续记录的话，那么在后期进行查找的时候就很容易出现混乱的情况。

这个时候建议在不同的信息之间，留一些空白的行距或者用线条进行隔开，用于区分这些不同的信息。往后我们在查找信息的时候，就会觉得版面十分清晰，也易于进行查阅。同时还可以在这些空白的地方用不同颜色的笔记录一下对于上一段信息的感想或随笔，便于我们日后继续思考、对信息进行利用。

用简易符号区分客观记录和主观想法

我们在参加一些会议或者活动的时候，经常会动笔记录一些他人的好想法。在记录这些想法的时候，有时也会产生一些自己的想法，与其想一想就过去了，倒不如动笔将自己的想法也记录下来。

自己的想法是别人教不会的，但是为了能够更好地区分客观的记录和自己主观的想法，建议大家可以用一些简易的符号来进行区分。

比如可以在自己的主观想法下面画上波浪线，或者在句子的前方标上“△”等符号。

这样就可以很直接、明了地将客观记录的内容和主观想法的内容区分开来了，也便于自己在后续对信息进行总结的时候将其利用起来。

职场小路灯

● 搜集信息是一件很繁杂的工作，需要我们平时养成随手记录、有效记录的良好习惯。为了能让用心记录下来的信息得到最大化利用，掌握一些记录信息的基本技巧是十分必要的。从现在开始锻炼自己吧！

TOPIC

5–4

职场第一课·信息管理

运用笔记本记录信息的注意事项

● 充分利用笔记本，辅助你快速捕捉信息。

QUESTION

学会了信息搜集的小技巧，笔记本也买了，但是在记笔记的过程中我还是遇到了一些问题。比如，开会、学习、读书等需要记笔记的时候，我是应该分不同的笔记本记录，还是全部记录在同一个本子上？有时信息来得太突然，而我没有带专门的笔记本应该怎么办？……

ANSWER

很多新手刚开始做笔记的时候都会信心满满，但随着笔记内容增多，就会苦于无法整理这些五花八门的信息，不知道如何下手接着记录，即便是下手也是缩手缩脚。要想避免上述问题，我们就要找到解决这些问题的方法。

很多人在刚开始记笔记的时候都会自信满满，认为自己能做好，但最后往往不了了之。那么如何才能让做笔记变成一种乐趣，让我们轻松愉快地搜集周围的信息呢？下面我们就来介绍一下运用笔记本搜集信息时的四个注意事项，掌握它们，能够让你做事有章可循，轻松开启笔记之路。

只带一个笔记本，所有素材一体化

为了更全面地收录各方面的信息，不少“笔记新人”会买很多笔记本回来，打算分门别类地记录信息，殊不知这样的做法反而会扰乱自己的计划。为什么这么说呢？首先，多个笔记本不利于随身携带；其次，若时间紧急，那么很多涉及多方面知识的信息并不一定能被清晰地分类，如果把笔记写到不同的本子上，等到需要找寻某些资料的时候我们就会迷茫：“信息到底记在哪一个笔记本上了？”

所以，我们要坚持“只带一个笔记本，做好事后整理”的原则。**开始记笔记的时候就坚持把笔记记在一处，这样做比起将信息记录在不同的笔记本里，既节省时间，又方便查阅，让你在找资料的时候知道信**

息“一定就在这个本子里”。

将信息按顺序有条理地在本子上记录下来

小米作为蔬菜公司的客服人员，总是会接到各种各样的咨询和投诉的电话。小米虽然准备了一个笔记本用于记录工作中的问题，但是记录的时候总是十分随意，随手翻到一页空白的地方就记录下来了。等到她想起某一天一个投诉的问题还没有解决的时候，却怎么都找不到当时随手写下的解决问题的思路草稿了。因为在她的笔记本上，毫无章法地记录着很多信息及她自己想法的草稿。

所以，为了避免这样尴尬的局面再次出现，我们就很有必要学习一下“按顺序有条理地记录”这条原则。**笔记本从第一页开始，每天记录信息的时候都标记好日期。根据信息的性质和任务的情况，如果需要更加细致的话，可以连带将记录的时间也写上。这样在进行查阅的时候会非常清晰，进而省时省力。**

不要给信息记录设限，不要担心笔记本的容量

很多职场人士在购买笔记本的时候主要考虑的是便携性，所以在选择笔记本的尺寸时都会倾向选择相对比较小的笔记本。正是因为尺寸的限制，所以很多新手都怕记录过多的东西让笔记本很快用完。

其实这种担心是多余的，无论是在开会、学习、读书还是与人交谈的时候，我们都有可能需要随时随地做笔记，并没有任何规定要求一个月或者一年的笔记都要做在同一个笔记本上才是好的，只要按照顺序进行记录，事后又能方便自己查阅，那么大可在用完一个笔记本后再用新的笔记本进行记录。**所以，不要在潜意识里设定框架局限自己的思维，在记录信息的时候应当自由发散思维，做更适合自己的记录，并可以将所见、所闻、所感、所思一起记入其中。**

活用身边的“隐形笔记本”

小洋被领导派去参加一个生鲜蔬果的网络营销分

快速捕捉信息、记好笔记的注意事项

享会。在会上，小洋获益良多，尤其是进行演讲的老师在生鲜蔬果的网络营销方式上给了小洋很多启发。会后小洋挤到被团团围住的老师面前，想要咨询一些问题。然而当老师开始回答后小洋才发现，自己刚才急急忙忙跑过来忘记带笔记本了！就在这时小洋一摸口袋，猛然想起早上离开公司前，林组长在自己的西装口袋里塞了一沓便笺纸。好在自己胸前的口袋里还别着一支笔，于是小洋赶紧把纸笔拿出来，将老师的话记录了下来。

在参加会议、商务会谈、咨询问题或突然来了灵感的时候，我们常常会遇到小洋这种情况。因为信息接收的过程很短，很可能在你刚拿出笔记本准备记录时这个信息就转瞬即逝了。**所以，平时我们可以随身携带一些“隐形的笔记本”，比如便利贴、手机、相机等等，方便在关键时刻及时活用，等到时间宽裕的场合就可以将信息进行整理，誊写在笔记本上。**

活用剪报的内容，灵活减负

在搜集资料和信息的时候，很多内容有可能来源于报刊和网络。如果我们都用手写的方式摘抄下来不仅费时费力，图片的信息也不可能完全用文字或者手绘的形式记录下来。所以在这种时候，我们可以将报刊和画报上的信息剪切下来，有条件的话还可以将重要的网络信息和网络图片打印出来，保存在笔记本相关的页面上。

比如各种新闻、小知识、地图、建筑物的照片等等，我们都可以用上述方法插入笔记。剪报的做法有些类似于做手账，实际上手账也是笔记的一种类型。**剪报的内容不仅可以丰富笔记本的版面，还能突出重要信息，并使这些信息在未来作为素材使用时有据可查。**

职场小路灯

● 一本好的笔记并不是一朝一夕就能完成的。牢记这几条记笔记的注意事项，在心中明确记笔记的方式与方向，这样会使我们的信息收录工作更加有条不紊，自信稳当。在良好的笔记的基础上，发散思维，大胆地收录自己想要的信息吧！

TOPIC

5–5

职场第一课·
信息管理

信息分类与索引制作

● 有方法、有条理地整理笔记，才能使你搜集的信息更系统化！

QUESTION

我开始写第三本笔记本了！但是随着笔记的增加又出现了一些问题，最常见的是各种笔记混杂在一起，等到回头要用的时候常常需要翻找很久……此外，如果用完了好几个笔记本，如何才能快速地在此前的笔记本中找到想要的信息呢？

ANSWER

做任何事情不都总是一帆风顺的，总会遇到这样那样的问题。但只要我们做到具体问题具体分析，找到解决的方法就没有什么能阻碍我们前进。比如我们在养成记笔记的习惯的同时，灵活地运用一些分类与索引的方法，你说的这些问题就都能迎刃而解了。

在这个信息爆炸的年代，很多人依然或多或少地保持着记录主客观信息的习惯。日程安排也好，工作笔记也好，心得感想也好。既然是花时间记录信息，就应当做对自己有用的笔记。怎样完善自己的笔记，让它成为关键时候的得力帮手呢？当一本又一本笔记写完后，又如何快速准确地找到很久之前记录的信息呢？这个时候给信息做一些实用的分类和索引就十分必要了。

给每一篇内容加上标题

我们在进行信息收集的时候，经常会突然得到某些信息，于是随手记录下来。但如果某天临时想要利用这些信息的时候，又记不太清楚这些信息具体是关于什么内容的，又或者是何时何地在哪里记录下来的……这种情况时有发生。

为了便于对信息进行查找与记忆，建议大家在记录信息的时候，给每一篇内容加上标题，这样会更利于我们利用这些信息。

具体可以用“时间 + 简略标题 + 获取方式”的形式进行记录。

例如小洋 4 月 9 日在当地的报纸上读到了“今年本市关于生鲜蔬菜产业的优惠政策”的内容，就可以在素材本上记录成：0409+ 本市生鲜优惠政策 + 报刊。

这样的记录方式既便于查找信息，也有利于进行信息的整合，还能锻炼自己对信息的概括能力，是记录信息的一个实用有效的小技巧。

整理信息时系统化的分类与索引方法

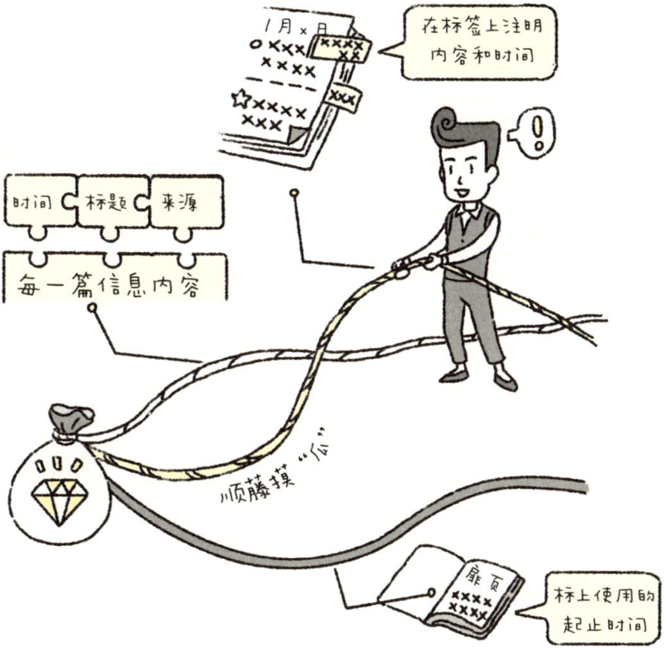

将内容索引化

收集和记录信息的行为可以说是一项收集和制作碎片化素材的行为，除去在会议或学习中的客观记录，我们的笔记很有可能是在看完一场电影、喝完一杯咖啡或在上班路上遭遇的突如其来的灵感随笔，或是和多年未见的同学聊天过后的感想日记。所以，**为了能在日后快速查阅这些碎片信息，我们可以为自己的笔记本做一些索引，方便在需要时顺藤摸“瓜”**。

比如在写有会议记录或学习笔记的页面，可贴上特定颜色的小标签，并在标签上注明时间和内容的关键词。

在有读书笔记或影评的页面，可在页边用特定颜色的彩笔画上标记。

如果页面有读书或者看报时获取的信息，则可以在该页折个角，并在折角处写上一些相关的关键词。

或者购买页边带有分类索引设计的笔记本，在页边突出的部分写上该页内容的关键词，一目了然方便查找。

除了这些方法，我们还可以根据自己的习惯创建一些独特的索引方法，只要是能够帮助我们进行信息整理和查阅的方法，就都是可行的好方法。

在笔记本的扉页标上序列号

相信只要养成了收集资料、做笔记的习惯，随着时间的积累，我们的笔记本一定会不止一本。通常在记了许多本笔记之后，我们还是需要从以前的笔记本中查找信息与灵感。所以从使用第一本笔记本开始，我们就可以在扉页或者封面标上序号；待到该本笔记本用完之后，可以再回头在序号的后面标注上这本笔记本使用的起止时间。

例如：NO. ① 2018. 01. 01—2018. 01. 30

这样即使在使用了多本笔记本之后，当我们回过头想查找之前某个时间段的内容时，也能轻而易举地找到了。

这些标记与附注的方法，都可以和我们之前介绍的记录信息的基本小技巧灵活组合起来使用。有效地整理和保管接收到的信息，制作属于自己的素材宝库，让信息转化为我们的知识与智慧，输出到实践中去吧！

职场小路灯

● 为笔记做分类和索引的方法还有很多，大家可以在记笔记的过程中慢慢地去摸索，直到找到适合自己的标记方式。这些方法都是为了更好地服务于我们的信息收集和整理工作，辅助我们为进行二次创作做准备。

智慧再造，素材活用

丰富、完善笔记本中的各类信息，在现实中创造和生产新的知识与价值。

回想一下，我们的手机软件里、笔记本里、网页收藏夹里，是不是都塞满了各种各样的信息？收藏的时候我们总是想着这些信息以后可以派上用场，但随着时间的流逝，这些有用的信息要么被我们淡忘，要么等到真正需要的时候，却已经由于积累过量且形式松散而让我们无从下手了。怎样才能做到有条理地智慧再造、活用素材呢？

早上起床后刷朋友圈，发现一篇精彩的文章，收藏了起来；上午开会领导布置了一些重要的任务，会上前辈发表了一些有益的观点，你赶紧翻开笔记本记录了下来；下班后坐公车回家，灵感一现在脑海中组了一段特别有感触的话，于是拿出手机输入记事本

里，想留着以后写作的时候用……

如何让这些被收藏在各个角落里的信息，为你在现实中产出真真切切的新价值呢？本节我们就来看看如何充分利用记录下的信息使其转换为我们新的智慧吧！

核验信息

就像我们在“信息搜集的原则”中所提到的，在进行信息搜集时需要特别注意信息的准确性与全面性。我们搜集信息是希望其能为我们所用，那么搜集信息回来后就不能将其堆在角落里置之不理，让其随着时间流逝白白失去价值。这些按照我们的兴趣和需求搜集回来的信息，首先我们要对其进行核验，确定其是否真实、准确、有效。**符合事实真相、具备时效性、有科学依据的信息才能够为我们后续的智慧再造提供坚实有益的价值。**

在核验信息的过程中，我们也要及时删除失效的

信息。这样既可以防止失效的信息误导我们的选择和决策，也能为自己的收藏夹和笔记本留出空间，让自己的大脑减负，以便随时接收新信息。

扩展与完善信息

在这广阔的世界中，我们所知的东西不过是沧海一粟。在对我们搜集的信息进行核验后，我们就要将其展开、完善，这一步是为了打开我们的视野。**以我们搜集的其中一条信息为一个点，去发掘更多与其相关的信息，并将其中对我们有用的信息摘抄、记录下来**。相信在完善的过程中，会给我们带来不少新的启发，我们可以将这些启发在工作、生活中运用起来，帮助我们解决问题。

提炼与加工信息

有些搜集来的信息可能特别宽泛，且十分冗杂，这个时候我们就需要对这些过于宽泛和冗杂的信息进行提炼。将这些信息的中心思想或者有用的核心内容提炼出来，总结在笔记本上，或使用便笺纸标记在该信息的旁边；在电子设备里的内容我们则可以节选重点，然后摘抄到纸质笔记本中或打印后贴到笔记本中，并添加随笔。

提炼核心观点的过程很有可能又会给你带来新的思考，那么我们可以对相关部分进行更深层次的分析扩展与加工，并将所思、所想书写、标记在旁边，方便以后需要时使用。当我们完成了对信息进行整理、完善的工作后，那么智慧再造并活用信息的准备工作也就基本到位了。

灵活组合信息，催生新想法

在整理信息的时候我们也许会发现，阅读时搜集的金句或名言，可以在我们表达观点时增强论述的表现力；公司会议上提到的新技术的研发，正好可以乘上新闻里新经济政策的东风，新产品的推广方式也可以由此得到改进……只要我们有清晰、良好的逻辑思维体系，在对搜集的信息进行归纳整理、有所把握以后，就可以灵活地将各种各样的信息素材组合起来，转用在不同的场合、活用于不同的状况。

丰富与完善信息，灵活运用，创造新价值

因此，在整理信息的时候我们应当发散思维，多留意信息利用的多样性与多方可能性。在这个环节我们可以运用第一章中介绍的逻辑思维方法来有效处理信息。比如将信息置于横竖轴上思考，看起来没有联系的信息很有可能意外地组合起来，让我们产生奇妙的新想法；也可能某些特定的信息在其他场合也可以为你带来方法论上的启发，让你另辟新径、出彩发挥。

动手将想法付诸行动

做到了以上环节我们还不能算是掌握了“智慧再造、活用信息”的全部。接下来就是必不可少的实践环节了。如上诞生了新想法之后，我们完全可以进一步动手写下方案，并运用于实践。

即便是我们在整理信息并重新优化这些信息的时候，好的、新的想法往往在脑海中一闪而过。**那么我们与其让它只短暂地存在于我们的脑海中或候命于**

笔记本中，还不如将这些新的方法动手写成具体的方案，以便督促自己付诸实践。

动手还可以带动我们的思考。**在动手写下这些新想法、新方案的时候，我们可以同时思考这些想法或者方案的可操作性和可能带来的效果，由此又可以在思考的同时不断地修改和完善这些方案。**最后，即可以像此前我们介绍过的，在日常工作与生活中找到对接的端口，活用我们的新方案了。

PRACTICE STARTS

课后作业

基本

整理自己的笔记本，对其中几条不同领域的信息进行价值提炼和延伸思考，并标记于旁。

活用

试着结合这些信息，如果诞生了新的想法与灵感，进一步写下具体的方案。

现在来测试一下自己的印象管理技能吧！

跟着职场新人小洋和小米，从接收和传达信息的不同情境中，找出更好的信息处理之道吧！世事无绝对，但若能有所启发，便是一种有效的学习！

培养你精准高效的信息管理能力

- [ ] 第1章 信息理解：必要的逻辑思维能力是基础
- [ ] 第2章 信息接收：可以带来产能的高效阅读方法
- [ ] 第3章 信息转化：让智慧阅读真正有益于工作
- [ ] 第4章 信息输出：准确接收、传递和评论信息的关键
- [ ] 第5章 信息搜集：充分利用纸质笔记本
- [x] 第6章 信息管理小测试 Ready? Go!

第6章

信息管理小测试 Ready? Go!

1

我们先来假设你是小洋

经历了一个月的实习期后，进入蔬菜配送公司的你即将在公司例会上，对自己在工作中遇到的问题发表看法。怎样把自己内心的感想传达给大家呢？

想到什么说什么吧！直白的方式更能打动人。→ 19

担心自己发言时忘记内容，所以先厘清头绪，分几个方面来说吧。→ 5

2

讲座结束后，你翻开林组长发的专业书籍。里面有不少关于蔬果的专业术语，读起来也没有多少趣味性。你盯着书发起了呆，直到另一本书伸到你眼前！你抬眼一看，是小米，她笑着说："看一看这篇文章吧！"

P071 2-5 专业书籍也可以轻松阅读

太棒了，正好解决了自己的问题，你非常感谢小米对你的帮助。就在这时，林组长走到台前布置了任务。→ 29

3

选一本读一本，果然可以让自己的精力更为集中。但这是不是说我们不能同时阅读多本书，必须一本一本地阅读？

P085 关于同时阅读多本书

只要找对方法，同时阅读两三本书也是有益无害的。不过，此时该如何选书呢？ → 14

4

某天，公司请来了农林方面的专家，为全公司的新员工普及蔬果的专业知识。这可是收集实用信息的绝好时机呀！

上培训课的这天，林组长发给大家相关的专业书籍，专家走上讲台。你准备好笔记本和笔，准备认真做笔记学习。可是当专家开口没讲多久，你就发现自己记笔记的速度越来越跟不上了，怎么办？

赶紧瞄一瞄邻座的笔记，先把错过的信息补上。 → 33

先跟上专家讲课的思路，没听懂的地方在课后再去看专业书籍吧。 → 2

5

果然，分几个方面来发言，不仅使自己表达有序，台下的听众们似乎也都听得津津有味。“感想表达得不错，”林组长对你说，“但整体上有些松散，再接再厉！”看来自己的观点表述得还不够清晰，那应该怎么做呢？

P152 4–4 如何做出观点清晰的评论

信息的表达还真是一门学问呢。你决定好好锻炼一下自己的逻辑思维能力！→ 28

6

笔记本的形式多种多样，这本好看，但那本似乎更实用；这本太小只能做手账，那本太大不方便携带……你在商店里挑花了眼。怎么办呢？

P180 5–2 选择适合自己的笔记本

迅速整理了一下思绪，你从自己“记录和整理信息”为主的使用目的出发，根据自身的需求终于找到了适合自己的笔记本。你兴奋地想，接下来就是记笔记、不断积累学习了！→ 9

7

多看兴趣书当然是好的，但是作为一名忙碌的职场人，似乎并没有太多时间精读所有的兴趣书。并且，如果是盲目地阅读兴趣书，一时过瘾之后，并不能有效提高自己的逻辑思维能力，怎么办呢？

P094 3–1 提升职场竞争力的阅读法则
P108 3–3 职场人的横向阅读：兴趣书的阅读原则

兴趣书要读，但也要掌握适当的方法。看完书中的建议，你感觉心中有了底。不过接下来，你又遇到了一个问题。→ 11

8

虽然通读一遍也没有错，但这个过程消耗了你的大量精力。阅读过程中发呆、走神，直至读完最后一个字，你发现自己依旧毫无收获。这是怎么回事？为什么花了时间却做了无用功？沮丧的你拿起本书，看到了这两篇：

P014 1–3 逻辑思维能力的基础：是什么、为什么、怎么办
P044 2–1 高效阅读的基本方法

如果能有条理、抓住重点地去阅读，就不会事倍功半了。而锻炼这种逻辑思维能力最有效的途径还是须从阅读开始。你决心按照书中的方法，通过阅读来提升自己的能力。→ 23

9

笔记本使用了一段时间，你果然搜集记录了不少信息。但信息过于散乱的问题又出现了。到底该如何记笔记呢？是不是需

要准备多个笔记本应对不同的信息搜集？

多准备几个不同的笔记本，这样搜集信息的时候就可以分门别类地记入不同的本子中。→ 16

依然用这一个笔记本，给里面每一篇信息都贴上标签，方便查找。→ 22

10

有方法地接收与处理新闻信息，能让自己的见识与想法越来越多。不过由于当今的新闻来自各个媒体、平台甚至个人，阅读时很多方面还需要注意。

P051　2-2　新闻的阅读方法

P130　4-1　信息为什么会失真

带着思考去阅读，才能让你收获更多，书中提到的逻辑思维陷阱更是让你感到自己又收获了新知识。→ 26

11

有时候工作过于繁忙，回到家已经疲惫不堪的你，晚上洗完澡玩一会儿手机，基本就到休息的时间了。除了手机里的电子书，书桌上的书和资料也堆了厚厚一摞。这可如何是好呢？

人在职场身不由己。如果身体不休息好，第二天怎么精神百倍地去工作？→ 18

虽然晚上很困，但每天基本都坚持阅读，可是成效好像并不大？→ 32

12

我们再来假设你是性格内向的小米

在蔬菜配送公司入职已有一段时间了，你从未放松片刻。进入了公司客服部的你，每天都需要处理大量的资料，包括客户的资料、业务流程方面的资料、公司产品方面的资料等。

这不，今天你收到了林组长制作的一叠关于客户类型及相应需求的统计资料。“小米，好好看一看这份资料，了解一下我们各类产品的受众群体。下次就轮到你制作这样的资料了哦。”林组长吩咐道。

“好的！”你急急忙忙翻开资料，发现里面除了大量的统计数据，还有不少图表。

既然是统计资料，只要看图基本就能明白了吧？先看图表。→ 27

先从标题开始，大致了解一下内容再看图吧。→ 21

13

将想法传达给对方，看似容易，但如果表达不好就会产生歧义，让对方误解。如何才能将自己的想法有效地传达给大家呢？

P145 4–3 如何有效地传递信息

掌握有效传递信息的法则、要点和方法后，你顺利地和同事们交流了观点。大家对你的想法表示理解，方案也做出了改进。你将自己的所学所思都记入笔记本里。→ 34

14

“推理书是自己喜欢的类型，还可以锻炼推理能力……同时阅读两本推理小说吗？要不要根据畅销榜单再加一本科幻类的？好像都是与工作无关的，我是不是该选一两本营销方面的书？”你陷入纠结之中，“如果选这么多本，我又该如何去阅读它们呢？”

当然是看自己想看的书，工作之余轻轻松松去阅读就好。→ 7

对工作有益的书也都选上，硬着头皮也要看下去才行。→ 24

15

发表评论，除了讲述清楚自己的想法，还应当注意些什么？在评论里发表不同于他人的观点，会不会让同组的同事觉得自己“留了一手”？

P160 4–5 如何妥善地发表不同的观点
P165 发表评论前的注意事项

看完这两节后，你的心中又有了底！一切都顺利进行，事后你发表的评论也被大家虚心接受。你将自己的所学、所思都记入笔记本里。→ 34

16

会议笔记本、读书笔记本、日常笔记本……你准备了几个本子记录信息，但是背着好几本笔记本出行，又累又麻烦。有没有什么更好的方法解决这个问题呢？

P192 5–4 运用笔记本记录信息的注意事项
P199 5–5 信息分类与索引制作

只要掌握了方法，每次只用一个笔记本就够了。你的脑海中对于如何做好笔记这件事情，顿时有了清晰的条理。很快，收录信息的机会又来了。→ 4

17

消遣式地随便看一看新闻，收获很小，那如何花同样的时间获得更多的收获呢？

P051 2–2 新闻的阅读方法

掌握科学的方法，不仅收获更多，对自己的逻辑阅读能力也是一种锻炼。那么，除了上网浏览新闻，还有哪些阅读形式？→ 26

18

身体充好电了，但说好的头脑充电呢？想要构建完善的思维体系，需要通过不断地接收新信息、锻炼大脑的逻辑思维能力才行。那么作为忙碌的职场人，平常应该如何阅读呢？

P114 3–4 忙碌的职场人如何轻松阅读

是啊，培养起好的阅读习惯，才能将阅读的行为坚持下去。你决定将这些方法介绍给和你同一时期进入公司的小米，一起互帮互助，共同进步。→ 12

19

在例会上侃侃而谈的你，只顾表达自己的所思所感。“咦，这一点刚刚是不是讲过了？”“说这件事情是为了表达什么？”你听到台下同事们的议论声，不由得慌张起来，匆匆结束了发言回到座位，你在心里默默地回想：问题出在哪儿？这时邻座的同事小米微笑着递给你一本摊开的书，一行标题映入眼帘：

P002 1–1 你的逻辑思维能力处于什么水平

你赶紧阅读了一下，感觉“中了好几枪”！看来得好好锻炼一下自己的逻辑思维能力了！ → 28

— 20 —

有方法地阅读果然比一股脑儿地通读效果要好，这份工作资料里要表达的主要内容和重点你都已经把握。完成了对工作资料的浅层阅读后，我们还可以做什么呢？你翻开本书的

P020 1–4 将信息置于横竖坐标轴上思考

高效阅读还有什么方法呢？

P044 2–1 高效阅读的基本方法

你决定好好学习如何阅读，来一步步地提升自己的职场能力。 → 23

21

统计资料这么厚，在阅读它时应当注意些什么呢？以后自己还会需要制作这样的资料，这可怎么办？

P058 2–3 统计资料的阅读方法

找到方法、抓住重点，果然脑中的思绪就清晰多了！你有条不紊地阅读起这份统计资料，结合刚刚在书中学到的

P064 2–4 图表的阅读方法

不久你就掌握了统计资料中的信息！第二天，你在客服部的门口遇到林组长。→ 30

22

由于给每一篇信息都贴上了标签，还未用完的笔记本边缘已经挤满了便笺纸。还有更好的整理方法吗？

P199 5–5 信息分类与索引制作

原来有更多的好办法呢！你顿时感到自己有了清晰可行的思路。很快，收录信息的机会又来了。→ 4

23

身处信息大爆炸的时代，每天无论是打开手机还是电脑，五花八门的新闻信息几乎让你看花眼。作为一名职场人士，每日浏览新闻也是必不可少的事。那么，锻炼逻辑思维能力是否可以从阅读新闻开始呢？

新闻不过是一种让人消遣的信息，随便看一看就好。→ 17

新闻信息如此之多，如何阅读才能发现其中的价值呢？→ 10

24

硬着头皮看书，效果自然不会好到哪里去。可是自己身处商业社会中，不看一些商业书怎么行？有没有更好的方法帮助自己阅读商业书呢？

P094 3–1 提升职场竞争力的阅读法则
P101 3–2 职场人的纵向阅读：商业书的阅读原则

确实如此，如果没有正确的阅读方法和态度，即使商业宝典摆在眼前自己也不能有效汲取其中的知识。行动有了方向，你紧锁的眉头也舒展开来。但不久，你又遇到了一个问题。→ 11

25

下载了一堆电子书，几天下来阅读反而毫无进展。原来，出于好奇心你将每一本书都翻阅了几页，结果脑海中对每一本都没什么印象。阅读电子书是否也有需要注意的地方？

P079 2-6 电子书的有效阅读法

电子书携带方便，但是选择过多也不一定是好事。在选书这件事上，到底该如何选择？什么书才是对自己有益的？你又冒出了新的疑问。

→ 14

— 26 —

下班回家的路上，你在公交车上拿出手机。准备挑选一本你喜欢的电子书阅读。你打开手机里的应用，“有些什么新书呢？”你一边想一边翻阅。“这本书的内容不错，这一本好像也不能错过，这本是我喜欢的名人推荐过的书……”不一会儿，你就选了好多本电子书。

感兴趣的电子书都先收入囊中，日后再慢慢阅读。→ 25

选多了反而不知道该读哪一本，还是先只选一本吧。→ 3

— 27 —

图表也有这么多的类型啊！你随手翻了几页，发现图表有饼状图、柱状图、树状图等多种形式，真是让人有点头大。应该

怎么办呢？你赶紧从抽屉拿出本书并翻到

P064 2–4 图表的阅读方法

果然还是应当先抓住统计资料中每一部分的中心思想，才能够更好地理解相辅的图表。→ 21

28

应该怎么做才能锻炼自己的逻辑思维能力呢？就在这时，作为职场新人的你收到了一份长达数十页的工作资料，内容是关于公司产品与相关贸易规定及流程的。这么多字，看着都头大，你打算如何看完这份资料呢？

总之，从头到尾一字不漏地读下去吧。→ 8

要不，先把目录浏览一遍，然后每读一部分就按照目录归纳总结一下要点。→ 20

29

林组长让客服部、市场部及其他部门的与会员工自行分好组，组内需要有每个部门的至少一名员工；然后每个小组就这次培训的内容，制作一个业务流程的模拟方案，并且每个人都需对方案发表评论。你在参与制作方案的过程中，与同组的同事对于一些问题产生了不同的看法。如何沟通呢？

将自己现在的想法直白地说给对方听。→ 13

先顾全大局，之后发表评论时再陈述自己的不同见解。→ 15

30

“小米，对公司的客户群体有所把握了吗？”林组长问道。

“是的，资料非常详细，借助里面的数据和图表，我基本了解了公司的客户群体。”你回答道。

“产品要打开市场，就必然要掌握客户的需求与市场的动态。商业活动中，各方面信息对我们生产与供应商都非常重要。所以，平时注意培养自己在这方面的灵敏度与对应能力。”林组长对你说道。

林组长的一番话使你受益良多，你决心从现在开始培养自己搜集信息的能力。以前自己有过记手账的习惯，记录信息是否在形式上和记手账差不多呢？

大抵是差不多的吧，但凡自己觉得有用、有趣的东西都记入本子中。

→ 31

信息搜集和自己的日常记录还是不太一样的，先准备一个笔记本吧。

→ 6

31

虽然在本子中记录了大量的信息，但是很散乱。想要用的时候不仅不容易查找到，而且还常常出现信息过于陈旧的情况。信息搜集果然不是那么容易的事情，你决心认真看一遍本书的

P174 5–1 信息搜集的原则

掌握了信息搜集的原则，才能搜集到对自己有用的有效信息。接下来就是记笔记、不断积累学习了！ → 9

32

阅读的成效不大，想必又偏离了正确的方法。阅读是为了获取信息，并提取其中的知识为己所用。在阅读时，自己真正明白了文字的内容和结构吗？

P008 1–2 理解信息排列的规则

这一点自己好像做到了。你接着反省，问题可能就出在自己的阅读仅仅停留在“明白其意”这个阶段。那么如何更进一步汲取知识呢？

P034 推荐的逻辑思考方式
P122 将阅读获取的信息转化为职场竞争力

问题果然在这个环节！你合上书，感到受益匪浅。你决定将这些方法告诉和你同一时期进入公司的小洋，一起互帮互助，共同进步。→ 12

33

你就这样一边补着错过的信息，然后一边错过新的信息，又忙又慌，焦头烂额。其实，还有更好的小技巧可以帮助你哦！

P137 4–2 如何准确地记录现场信息
P186 5–3 信息记录的小技巧

— 32 —

阅读的成效不大，想必又偏离了正确的方法。阅读是为了获取信息，并提取其中的知识为己所用。在阅读时，自己真正明白了文字的内容和结构吗？

P008 1–2 理解信息排列的规则

这一点自己好像做到了。你接着反省，问题可能就出在自己的阅读仅仅停留在“明白其意”这个阶段。那么如何更进一步汲取知识呢？

P034 推荐的逻辑思考方式
P122 将阅读获取的信息转化为职场竞争力

问题果然在这个环节！你合上书，感到受益匪浅。你决定将这些方法告诉和你同一时期进入公司的小洋，一起互帮互助，共同进步。→ 12

— 33 —

你就这样一边补着错过的信息，然后一边错过新的信息，又忙又慌，焦头烂额。其实，还有更好的小技巧可以帮助你哦！

P137 4–2 如何准确地记录现场信息
P186 5–3 信息记录的小技巧

你按照书中的方法，轻松地记录了你想记住的知识点！讲座结束后，林组长走到台前布置了任务。→ 29

34

笔记本里记录了这么多有用的信息，你感到非常充实。既然是好信息，就不能让它们只是单纯地躺在本子里，随着时间流逝失去价值。如何运用这些信息呢？

P205 智慧再造，素材活用

是的，要对得起自己花了时间和心思纪录的笔记，里面有他人的智慧，也有自己的智慧。

信息处理是一门学问，从接收他人的信息，到大脑处理信息，再到自己利用其中有价值的部分，如果想做得好，那么处处都有所讲究。你决心从明天起，确定好自己的目标，制订合理的计划，将从信息中收取的知识灵活地运用到工作与生活中去！